成为人生赢家的制胜宝典 专为年轻人打造的成长圣经

# 别输在坏情绪上
# 赢在情绪

BE IN GOOD
EMOTION

管理好情绪，高情商决胜职场

高情商才能战胜自己

郑一 编著

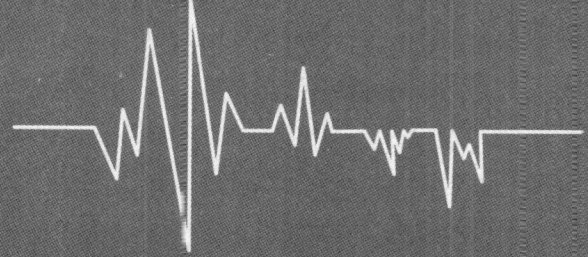

中国商业出版社

图书在版编目（CIP）数据

赢在情绪 / 郑一编著. -- 北京：中国商业出版社，2017.12

ISBN 978-7-5208-0093-8

Ⅰ.①赢… Ⅱ.①郑… Ⅲ.①情绪—自我控制—通俗读物 Ⅳ.① B842.6-49

中国版本图书馆 CIP 数据核字（2017）第 247699 号

责任编辑：常　松

中国商业出版社出版发行
010-63180647　　www.c-cbook.com
（100053 北京广安门内报国寺 1 号）
新华书店经销
山东汇文印务有限公司
\*
710×1000 毫米　16 开　14 印张　200 千字
2018 年 4 月第 1 版　2018 年 4 月第 1 次印刷
定价：38.00 元
\* \* \* \*
（如有印装质量问题可更换）

# 前 言

生活中，想必我们都有这样的体会：当我们心情愉悦时，精神劲儿十足，就连平时不愿从事的烦琐的家务事也都主动去干，看什么人都觉得顺眼，即使对方是自己曾经讨厌的人；而当我们心情不好时，会食不知味，甚至夜不能寐，而这就是情绪的影响力。

的确，人都是情绪化的动物，我们每天都会经历各种各样的事情，自然也会产生诸多不同的感受，或高兴、或欣喜、或悲伤、或愤怒等，或偶尔觉得生活美满，或偶尔又觉得工作压力大。这就是情绪，它存在于每个人的心中，而且在不同时期、不同场合产生着奇妙的效果。

对于情绪，不同的人会产生不同的反应：面对繁忙的工作和生活，一些人弄得筋疲力尽，甚至成为坏情绪的奴隶，他们会为此感叹："做人真难。"一些人却感到充实，他们自信、快乐、充实，能成为卓越的成功者。事实上，快乐与成功往往都是属于那些善于控制自己情绪的人。这是因为，一个善于控制情绪的人，或许不是最聪明、最漂亮或者最有才华的，却是能正确认知和管理自我的，也是懂得灵活变通和审时度势的，他总能在各种场合中都做到游刃有余。

一个善于控制情绪的人，无论在什么样的境况下都能保持微笑，从他们的脸上，你看不到一点失望和沮丧，他们对生活、对工作也总是充满着热情，在他们身上，积极乐观的天性被发挥得淋漓尽致。

一个善于控制情绪的人，有着强大的感染力，他不仅在日常生活中能够做到轻松快乐，即便在竞争激烈的职场中，也同样能够做出很出色的成绩。只要有他在，我们就能感受到满满的正能量。

同样，他们能在爱情中时刻保持着清醒理智的头脑，不与爱人斗气。即便在爱情或婚姻的过程中并不那么顺利，他们也总是能很好地处理其中的问题，使之得到圆满的解决。

无疑，这类人是优秀的，也许你会羡慕他们，但这种能力不是天生就有的，而是可以通过后天有意识地培养、修炼获得的，本书就全方位地为我们提供了控制情绪的方法，希望能对那些渴望告别坏情绪，培养好情绪的人们有所帮助。

的确，只有善于控制自己的情绪，赶走自己的坏情绪，才能找到自信的源泉，走向成功的彼岸，能找到开启快乐的钥匙，拥有幸福快乐的人生。

## 上篇 解码情绪，认清人生的方向

### 第01章 掌控情绪，方能把握自己的人生 ………… 2
保持好心情，激发人生潜能 ………… 2
掌握人生，首先要管理情绪 ………… 4
一旦被情绪掌控，就陷入失败的旋涡 ………… 5
小心情绪可能影响大事件 ………… 7

### 第02章 认知自我，了解自身情绪的密码 ………… 9
增强掌控力，以好情绪成事 ………… 9
增强运用情绪的成事能力 ………… 11
提升自身的情绪掌控能力 ………… 13
了解自身的情绪稳定力 ………… 15
正确分析自己的情绪类型 ………… 18

### 第03章 情绪转移，学会用快乐的事填补自己 ………… 20
让心宁静先学会遗忘 ………… 20
别让负面情绪将自己逼进死胡同 ………… 22
转移注意力，分散不快乐 ………… 24

　　寄情大自然，让你忘却那些烦恼 …………………………… 25

　　用音乐的力量感染转变情绪 …………………………………… 27

## 第 04 章　情绪释放，为自己的情绪找一个宣泄地 ……………… 29

　　别压抑，找到适合的宣泄方式 ………………………………… 29

　　尝试倾诉，烦恼时不妨同朋友多交流 ………………………… 31

　　适度争吵可以快速解决问题 …………………………………… 32

　　运动起来，在汗水中重生 ……………………………………… 34

　　旅行让自己身心沉浸在另一个天地 …………………………… 35

## 第 05 章　浇灭火焰，愤怒的情绪只会灼伤自己 ………………… 38

　　调整情绪，浇灭愤怒的火焰 …………………………………… 38

　　多一分思考，少一分冲动 ……………………………………… 40

　　拓展心的容量，不让愤怒侵袭 ………………………………… 42

　　发现愤怒的根源，斩草除根 …………………………………… 43

　　学会"冷处理"，让自己降温 ………………………………… 45

## 第 06 章　选择快乐，好情绪是一种正确的决策力 ……………… 47

　　随"心"所欲，好情绪跟随你 ………………………………… 47

　　选择快乐，快乐就会选择你 …………………………………… 49

　　面朝积极的方向，准确决策生活 ……………………………… 50

　　学会用好心情去驾驭生活 ……………………………………… 52

　　肯定自己，自信让你更具能力 ………………………………… 53

# 目 录

### 第07章 情绪感染，不被他人的坏情绪传染 ·············· 56

做自己，有主见的人更能掌握自己的情绪 ·············· 56
摒弃他人的有意干扰 ·············· 58
体会对方的心情，但不被左右 ·············· 59
平衡心态，始终有稳定的情绪 ·············· 61
学会把好心情传染给别人 ·············· 62

### 第08章 自我暗示，给予自己情绪的正面能量 ·············· 65

矫正坏心情需要自我暗示 ·············· 65
鼓励自己，"歼灭"消极心态 ·············· 67
反复暗示自己挣脱低落情绪 ·············· 68
远离抱怨，多去感恩 ·············· 70
行动起来，唤醒自身能量 ·············· 71

### 第09章 情绪芬芳，借助外物去修复心情 ·············· 73

运用色彩让心境变开阔 ·············· 73
穿出你的好心情 ·············· 75
浇灌花花草草，给自己好心情 ·············· 78
发现自己的兴趣爱好，填补空虚心境 ·············· 80

### 第10章 调节情绪，让自己随时拥有好心情 ·············· 82

好情绪的由来要靠好心态 ·············· 82

　　丢掉复杂，心境简单才有好心情 ················································ 84

　　巧用心理暗示，调节出最佳状态 ················································ 85

　　宽容之心让自己拥有好情绪 ························································ 88

## 第11章　换位思考，学会体恤他人的心情 ························· 90

　　识别他人情绪，适时调节自己 ···················································· 90

　　从对方眼神了解其内心波动 ························································ 92

　　听对方的语气感受其心情 ···························································· 93

　　帮助他人获得好心情，环境更和谐 ············································ 95

　　保持好心情，孩子表现更出色 ···················································· 97

## 第12章　接受现实，不满的情绪是沉重的负累 ················· 99

　　珍惜眼前幸福，别活在幻想中 ···················································· 99

　　重振旗鼓，选择了就不后悔 ······················································ 102

　　在积极中进取，勿在不满中怨天尤人 ······································ 103

　　懂得知足是最大的福气 ······························································ 105

# 下篇　调整自身情绪，别让坏情绪阻挡你前行

## 第13章　解绑身心，远离疲乏的情绪旋涡 ······················· 108

　　学会自我调节，生活本就绚烂多姿 ·········································· 108

　　向目标前行，但别被目的所累 ·················································· 110

　　激发自己的兴趣就会减少疲累 ·················································· 112

让家务生动有趣，为家庭生活添点色彩 ………………………… 113

消除职场倦怠，别让工作成为负担 …………………………… 115

## 第14章 喜欢自己，摒弃自卑的负面情绪 …………………… 118

修炼"厚脸皮"，别对小事太敏感 …………………………… 118

丢掉自卑，发现自己的独特 …………………………………… 120

发挥长处，学会欣赏自己 ……………………………………… 121

坦然面对缺点，反而让你更可爱 ……………………………… 123

别活在比较中，勇敢做自己 …………………………………… 125

## 第15章 战胜忧郁，远离抑郁症的危险边境 ………………… 127

用积极的心态解开抑郁的枷锁 ………………………………… 127

寻求朋友的帮助，远离抑郁 …………………………………… 129

远离猜忌，用信任铸就快乐 …………………………………… 131

远离孤僻，让朋友带给你快乐 ………………………………… 133

患得患失让自己无法自拔 ……………………………………… 134

## 第16章 鼓足勇气，让悲痛忧伤一去不复返 ………………… 137

向前看，让痛苦成为永远的过去式 …………………………… 137

别被忧伤的眼泪迷蒙住了双眼 ………………………………… 139

坚强一点，在挫折中重塑自己 ………………………………… 140

哭出来，释放心中的苦楚 ……………………………………… 142

凝聚悲痛的经验扩充自身力量 ………………………………… 144

## 第17章 看开一点，紧张不安的情绪自会释怀 ………………… 146

对自己微笑，放松心情 …………………………………… 146

瑕不掩瑜，别为小问题而紧张 …………………………… 148

凡事尽力而为，不必太争强好胜 ………………………… 149

乐观一点，学点阿Q精神 ………………………………… 150

享受过程的美好，别刻意追求结果 ……………………… 152

## 第18章 淡定面对，消除压力中的焦虑情绪 ………………… 154

让心安宁，别在焦虑中踌躇 ……………………………… 154

看透世俗，用平常心抵抗焦虑情绪 ……………………… 156

淡定处之，让万事顺其自然 ……………………………… 158

着眼当下，别为明天的事烦恼 …………………………… 159

少一点欲求就会少一分焦虑 ……………………………… 161

## 第19章 豁达心胸，别让仇恨把你拉进狭隘的怪圈 ………… 163

跳出仇恨的怪圈，让自己呼吸自由空气 ………………… 163

宽容善待对方，方能化敌为友 …………………………… 165

仇恨如魔鬼，会粉碎你的人生 …………………………… 166

学会感谢那些伤害你的人 ………………………………… 168

理解对方的处境，减轻心中怨恨 ………………………… 169

## 目 录

### 第20章　虚怀若谷，自负的情绪会令你处处碰壁 … 171

树大招风，不要太逞能 … 171

可以自信，但不要无端自负 … 172

好为人师者让人反感 … 174

认清现实，了解自己的能力界限 … 175

放低姿态，高高在上早晚跌落 … 177

### 第21章　从容前行，悔恨的情绪会阻碍前进的步伐 … 179

选自己所爱，爱自己所选 … 179

做错过没什么，别错第二次 … 181

别为已成定局的事而追悔 … 182

陷入悔恨中，就无法前进 … 184

向昨天告别，开始新的人生旅途 … 185

### 第22章　社交情绪，你的感染力源于好心情 … 187

用真诚去亲近人，用快乐去感染人 … 187

保持平衡心态，结交各种朋友 … 189

学会自嘲，保持健康社交心态 … 191

人际关系需要从容的好情绪维护 … 192

保持热情，学会主动帮助他人 … 194

## 第23章 家庭情绪，给最亲的人最好的心情状态 …………… 196

把好心情带回家，家是避风的港湾 …………………………… 196

学会让你的亲人们保持好心情 ………………………………… 198

快乐的家庭氛围带给人幸福 …………………………………… 199

用包容的心去对待家里的亲人 ………………………………… 200

温馨的家庭是孩子健康成长的保证 …………………………… 202

## 第24章 职场情绪，记住要保持住积极的热情 …………… 204

专注对待工作，收获事业的硕果 ……………………………… 204

少一丝抱怨，多一分耕耘 ……………………………………… 206

把积极热忱的情绪带到工作中 ………………………………… 207

不断进取，欣然接纳批评与建议 ……………………………… 208

赞美他人，让大家都在好情绪中工作 ………………………… 210

**参考文献** ………………………………………………………… 212

# 上 篇

## 解码情绪,认清人生的方向

# 第01章
# 掌控情绪，方能把握自己的人生

每一天，我们的情绪都受到身边诸多事情的影响；而每个人对于情绪的控制能力，决定了他的人生。善于控制自己情绪的人，活得充实而自信，每天被快乐包围，成为人群中的佼佼者。反之，那些总是被情绪控制的人，他们常常生活得空虚而窘迫，甚至一蹶不振，最终在平庸中虚度自己的一生。因此，也可以说，合理控制了情绪，也就牢牢把握住了自己的生活。生活会被打上什么样的标签？是成功、自信、美满，还是失败、自卑、困顿？一切的一切，都源自我们对情绪的控制能力。

## 保持好心情，激发人生潜能

现实生活中，任何人，都希望自己能有一番作为。然而，面对各种挑战与机遇，我们能否成功，还是要看我们是否有一个健康的心态来面对。我们若想进入良好的状态，并最终占据成功的制高点，就必须带着好情绪上路，这样才能事半功倍。同样，只要我们拥有良好的情绪状态，那么，即使身处困境，也会激发我们的潜能，帮助我们找到突围的方法。

雷赫是一个犹太人。有天晚上，德国纳粹闯进他的家，把他们全家抓进克拉寇死亡集中营，后来还当着他的面把他的家人全部杀死。与集中营里的其他

上篇 解码情绪，认清人生的方向

犯人一样，每天他得从日出做到日落。由于食物配给不足，他十分瘦弱，加上想起家人的惨死，常使他悲痛万分，只要在这座集中营里多待一天，他就难有活命的可能，于是他下定决心逃亡。

雷赫自问："有什么办法让我逃出这个可怕的地方？"可别人都劝他："别傻了，你不要胡思乱想，哪有办法逃出这个地方，还是乖乖干活，求老天爷多多保佑才是。"这些话并没有使他泄气，他不是那种听天由命的人，他始终都不气馁，仍然锲而不舍地动脑筋。终于有一天，答案找到了。

雷赫的这个逃生之道简直没有人能够想出来。在离他做工不远的地方便是一堆将要抬上卡车的死尸，里面有男有女，有老有少，都是被瓦斯毒死的。他们嘴里的金牙被拔掉了，身上值钱的珠宝被拿走了，连穿的衣服也被剥光了。看到这一切，其他人也许会这样想："上天怎么会允许这种惨绝人寰的事情发生？"他却这样问："我该怎样利用这个机会逃生？"很快他便找到了答案。

当那天快要收工而众人正忙着收拾工具之际，他趁人不注意，迅速躲在卡车后面脱下衣服，以迅雷不及掩耳的速度，赤条条地趴在那堆死尸之上，装得跟死人一模一样，任凭其他死尸不断地堆在他身上。终于，汽车开动了，没多久来到一个大坑前，车上所有尸体便倾倒了下去。他一直不敢动，直到暮色四合，四周无人，他才偷偷爬出那个大坑，不顾身无寸缕，一口气狂奔70公里，最终活命。

纳粹集中营就是人间地狱，多少人丧命其中？但雷赫却能活下来，原因何在？最重要的一点就是他的积极情绪。于是，当别人自怨自艾时，他积极寻求出路，最后他的大脑给了他所要的，而这个答案救了他一命。

好情绪带来好状态。积极的情绪像晴天，光芒普照大地，消极的情绪像阴雨天，抑郁沉闷。在良好的情绪引导下，我们的大脑会受到积极的刺激，心跳加快，也能反射性地引起大脑皮质和脑部兴奋性提高，从而充分发挥人体潜能。负面情绪则有着全然相反的作用。

负面情绪会带来的不良影响，相信大家都十分清楚。只是并不是每个人都会一直鼓舞自己永远保持着积极情绪。而当我们真正能够令自己长期处于一种

积极的状态中时，我们便会看见，有一些自己从未发现的强大潜能，已经成为了我们成功的动力。

## 掌握人生，首先要管理情绪

生活中，每个人都有情绪，喜、怒、哀、乐是我们生活中的常态，我们不可能完全摆脱情绪，我们要做的只是认识到自己的情绪，让自己在情绪的世界里活得更好。的确，人感觉到的，就是所拥有的，人感觉到的越多，所拥有的也就越多。生活告诉我们，拥有好情绪，就是胜利的保证。做人乐观、积极，我们就能朝着胜利的方向迈进。每个人今天的命运状况，或许都是自己昨天情绪的结果。因此，我们任何一个人，都要学会解读人生密码，才能认清人生方向，才能朝着这一方向大步迈进。

我们先来看下面这个求职故事。

凯恩在一家汽车修理厂工作，他做这行已经五年了，尽管生活过得马马虎虎，但他觉得自己不能一直这样下去，他也想成功。正巧，最近他看到报纸上刊登了一则招聘启事：某汽车公司高薪聘请修理部经理，凯恩很想去试试。

这天晚上，他早早地上床睡觉了，但也不知道怎么回事，他莫名地烦躁，翻来覆去睡不着。于是，他干脆爬起来，想了很多：是啊，自己现在已经快三十岁了，为什么一事无成呢？和自己一起毕业的那些同学们，要么有固定工作、有幸福的家，要么已经住豪宅、开名车，并且，大学时代，另外三个舍友都曾经当过自己的老板。他扪心自问：与这三个人相比，除了工作以外，自己还有什么地方不如他们呢？其实，他们实在不比自己高明多少。

经过长时间的反思，他终于找到了问题的症结——自己性格情绪的缺陷。在这方面，他不得不承认自己比他们差了一大截。时间过得很快，到了深夜两点的时候，他依然毫无睡意，因为他真的清醒了，他觉得自己生平第一次看清了自己，发现过去很多时候自己都不能控制自己的情绪，例如自卑、做事莽撞、

自私等。

于是，他下定决心，一定要改变自我，要保持一个积极向上的心态，一定要完善自己的情绪和性格，弥补自己在这方面的不足。

第二天早上，尽管他没睡好，但依然满怀自信地前去面试。令他惊奇的是，他真的顺利地被录用了。

故事中的主人公凯恩之所以能得到那份工作，与前一晚的感悟以及重新树立起的这分自信不无关系。看了这个故事，你的内心是否也会有所触动呢？

的确，情绪对我们的生活和命运具有决定性意义的影响。积极的情绪会引导我们以正确、恰当的方法做人做事，引导我们成功，而相反，在消极情绪的引导下，我们也可能会做错事而追悔莫及。实际上，我们都清楚一点，这个世界上，成功者毕竟是少数，成功者潇洒走于世，失败者颓废不堪，而我们可能忽略的一点是，成功者之所以成功，失败者之所以失败，不仅与他们的能力有一定的关系，更为重要的是，他们是否有一个健康的心态。有时候，你以为成功的大门已经关闭，但若积极进取的话，你会发现，其实另外一扇窗已经为你打开。

在我们的人生道路上，个人能力固然在很大程度上影响着我们前进的步伐和速度，但起到决定性作用的，是我们对于自我情绪的良好控制力。在这个压力空前的社会，保持健康的情绪，是令我们走向康庄大道的关键。

## 一旦被情绪掌控，就陷入失败的旋涡

生活中，我们常有这样的体会：交通拥挤的十字路口红绿灯失控了，整个路面成了汽车的海洋，不耐烦的司机在鸣笛乱喊，刺耳的喇叭声充斥于耳，整个交通处于瘫痪状态。如果没有交警的疏导，不知道会拖延到什么时候，造成什么样的后果。同样道理，如果一旦人的情绪失控，这个世界又会怎样呢？

我们工作与生活的世界本身就是个有条不紊、有规律运行的有机体，只要正常运转，一切都会秩序井然，按部就班。就像一台计算机、一架飞机、一台机器，如果操作正常，控制良好，就能发挥它们的正常作用。人的情绪也如同一架机器一样，一旦失控，就不能正常运转，最终会导致人们陷入失败的沼泽。我们先来看下面一则故事。

曾经有一名政党的领袖正在指导一位准备参加参议员竞选的候选人，教他如何去获得多数人的选票。这位领袖和那人约定："如果你违反我教给你的规则，你得罚款10元。"

"行，没问题，什么时候开始？"那人答应。

"现在就开始。我教给你的第一条规则是：无论别人怎么损你、骂你、指责你、批评你，你都不允许发怒，无论人家说你什么坏话，你都得忍受。"

"这个容易，人家批评我，说我坏话，正好给我敲个警钟，我不会记在心上。"

"好的，我希望你能记住这个戒条，这是我教给你的规则当中最重要的一条。不过，像你这种呆头呆脑的人，不知道什么时候能记住。"

"什么！你居然说我……"那个候选人气急败坏。

"拿来，10块钱！"

"哎呀，我刚才破坏了你教给我的戒条了吗？"

"当然，这条规则最重要，其余的规则也差不多。"

"你这个骗子……"

"对不起，又是10块钱。"领袖摊开双手道。

"赚这20块也太方便了。"

"就是啊，你赶快拿出来，这是你自己答应的。如果你不拿出来，我就让你臭名远扬。"

"你这只狡猾的狐狸！"

"对不起，再拿10块钱。"

"呀，又是一次，好了，我以后再也不发脾气了！"

"算了吧，我并不是真的要你的钱，你出身贫寒，你父亲的声誉也坏透了！"

"你居然敢侮辱我的父亲！你这个恶棍！"

"看到了吧，又是10块钱，这回可不让你抵赖了。"

这一次，那位候选人心服口服了。那位领袖郑重地对他说："现在你总该

上篇　解码情绪，认清人生的方向

知道了吧，克制自己的愤怒并不容易，你要随时留心，时时在意，10块钱倒是小事，要是你每发一次脾气就丢掉一张选票，那损失可就大了。"那位候选人彻底服了。

生活中，有些人就像故事中的这位候选人一样，控制不住自己，特别是在不顺心的时候容易发怒。实际上，胡乱发脾气根本解决不了任何问题，反而会把事情弄得更糟。

英国著名作家培根曾经这样说过："愤怒，就像是地雷，碰到任何东西都一同毁灭。"如果你不注意培养自己忍耐、心平气和的性情，一旦遇到导火线就暴跳如雷，情绪失控，就会把你最好的人缘全都炸毁。

情绪到达临界点时，如何自我浇灭心中的怒火，使自己的理智不被烧毁，是学会控制情绪的一个重要课题。面对别人的指点甚或是责难，面对不必要的矛盾与摩擦，为了避免自己的行为带来不良后果，我们首先要学会闭上嘴巴，收紧拳头。

## 小心情绪可能影响大事件

我们都知道，人是情绪化的动物，七情六欲，人皆有之。高兴时开怀大笑甚至手舞足蹈，愤怒时咬牙切齿甚至会暴跳如雷，忧会茶饭不思甚至彻夜难眠，悲会心情抑郁甚至痛心疾首。我们都希望人生路上总是拥有好心情，但人生本身就如天气，不但会有晴天，还有阴雨天，我们无法改变天气，却可以拥有一颗坦然之心，学会掌控情绪，也就掌控了自己的命运。否则，命运只会被情绪掌控。

某年，美国举行了一次大型的大学生橄榄球赛，其中，就有夏威夷大学队与怀俄明大学队对抗。

比赛快到中场时，两支队伍很明显已经有了胜负之分，夏威夷大学队惨败，比分为0 : 22，几乎溃不成军。

**赢在情绪**

当这些队员进入休息室时,他们颓废极了,因为很明显,他们就要输了,意气风发的他们怎能承受?他们的教练狄克·屠迈看着这群没精打采的孩子,心里想,如果不调整他们的情绪,那么,想要赢得比赛估计就真的没希望了。

这时,屠迈急中生智,想到一个办法,他拿出一张海报,这张海报上面贴满了多年来他搜集的剪报文章,每一篇都是从落后分数到扭转败局,最后赢得胜利的故事。

队员们看完这些报道后,屠迈决定慢慢帮助孩子们重建信心。果然,他所做的工作是有效的。在下半场,夏威夷大学队队员个个如猛虎下山,掌握全场的主动权,使怀俄明大学队未得一分,终场以 27∶22 获胜。

夏威夷大学队获胜的根本原因是什么?根本原因就是教练屠迈调整了他们的情绪,由沮丧变得亢奋,由垂头丧气变得信心百倍,从而扭转败局。

掌控自己的命运首先就要掌控自己的情绪。心理学认为:情绪是指伴随着认知和意识过程产生的对外界事物的态度,是对客观事物和主体需求之间关系的反应。包含情绪体验、情绪行为、情绪唤醒和对刺激物的认知等成分。

的确,当你努力工作却不被上司认同,你是继续忍气吞声还是炒了老板的鱿鱼?婚姻中,你常和爱人吵架,你是选择离婚还是坐下来和爱人好好谈谈?当有人冒犯你时,你是暴跳如雷还是宽容一点?这些各式各样的行为反应就是"情绪"!它就像影子一样时刻与我们相随。

美国心理学家南迪·内森指出:一般人的一生平均有 3/10 的时间处于情绪不佳状态,每个人都不可避免地要与消极情绪作持久的斗争。

其实,当我们在人生路上遇到困难时,我们可以告诉自己,这并不是穷途末路,花败还会花开,何况多变的人生?今天的悲伤也可能预示着明天的快乐,现在的大雨滂沱也可能预示接下来的炫丽彩虹,然而,只有好心情、积极的情绪,才会有健康、积极的人生,才会结出幸福的果实!

生活从来不会因为我们拥有很多的东西而变得更加幸福;我们的快乐,来自于我们感受到的。正如安东尼·罗宾说的:"你有什么样的感觉,你就有什么样的生活。"同一件事情,它带给我们什么样的感受,完全取决于我们自己的心境。

上篇　解码情绪，认清人生的方向

# 第02章
# 认知自我，了解自身情绪的密码

自我认知在一个人的成功道路上，可以说处于十分关键的地位。每个人的行为和表现，取决于他对自我的认识。当他觉得自己对社会、家庭、亲人是有价值的、有贡献的，他会自觉地为社会与家庭作贡献，从而成为一个真正有价值、有贡献的人。而我们对于自我的情绪认知也是这样。我们只有了解了自己情绪的类型，能够准确判定自己的情绪稳定还是波动后，才能把握情绪、利用情绪。

## 增强掌控力，以好情绪成事

我们的情绪很复杂，每时每刻都在发生着变化，快乐、激动、悲伤、恐惧、愤怒、忌妒等都可能随时影响我们的心境。这些情绪都是正常的人应该有的，不会有所谓的不好的情绪，只是看你从什么角度去分析它，转换为自己需要的能量。控制情绪不是说没有情绪，而是如何去了解情绪背后的原因，了解你内心中真实的想法，进而转化情绪为你自己所需。有这样一则堪称"神奇"的故事。

曾经有一对年过40的夫妻，他们在进行年度身体检查时，发现自己患了绝症：妻子得了乳腺癌，丈夫患了严重的动脉血管疾病，医生坦言他们只剩下半年时间了。这简直犹如晴天霹雳，他们原本幸福的生活似乎一下子就要破

灭了。

然而，这对夫妻并没有就此在哀怨中生活，他们想了想，还有半年时间，足够他们完成这辈子最想做的事了——环球旅行。于是，他们卖掉了他们10年前才还清贷款的房子，并很快就出发了。

在旅行过程中，他们几乎忘记了生病这回事，格外珍惜每一天。他们仿佛回到了20年前刚结婚的时候。那时候，他们没钱、忙于工作、照顾孩子。但现在他们有机会了，看到他们甜蜜的样子，没有人会想到他们是一对生命即将结束的病人。

5个月后，他们的旅行结束了，按照规定，他们还需要做一次检查，但在看检查结果时，连医生都惊呆了，他发现妻子的癌细胞已经消失，丈夫的动脉血管阻塞也好了许多，这个结果让医生匪夷所思。

后来，医院就这一对夫妇的情况进行了研究，他们认为这是积极情绪的作用，快乐的人脑内会分泌一种安多芬，它会增加体内的淋巴球，进而增强对抗癌细胞的能力，让人重新获得健康。

这简直是个奇迹！因此有人说，积极的心态能创造人生，积极的心态是成功的源泉，是生命的阳光和温暖，而消极的心态是失败的开始，是生命的无形杀手。所以我们一定要重视情绪的力量，请察觉每一个情绪背后的意义，它可能是死神的召唤，更可能是改变命运之门的钥匙。

那么，我们要做的就是为每一个情绪负责，让负面情绪减少、正向情绪增加，从而不断增强运用情绪成事的能力，具体来说，我们可以做以下几点。

## 1. 要有自己的事业和追求

有了自己的事业和追求，并积极为之奋斗，人就会体验到一种发自内心的满足，进而产生积极的情绪。

## 2. 换一个角度看事情

很多从表面看令人生气或悲伤的事件，如果换一个角度，用另外一种眼光去看，常常可发现一些正面的、具有积极意义的东西。

### 3. 积极参与社会交往

社会交往能使人产生积极的情绪体验，积极的情绪体验又会使人们更积极地与人交往，更好地适应环境、应对突发事件，从而形成一个良性循环。

### 4. 对问题当机立断

犹豫不决会引起不良情绪，损害身心健康。因此不要太过追求完美，宁可偶尔出些小错，也不要为一些问题左思右想。

面对挫折或失败，不去抱怨，不去消沉，在失去一些东西时，想想我们还有哪些东西。对生活怀抱着感恩的心，用积极的态度迎接挑战，享受生命。当我们增强了自我情绪的控制能力，我们的人生，便会迎来更多的幸福。

## 增强运用情绪的成事能力

我们都知道，现代社会，无论是谁，都不是生活在封闭的环境中，我们都必须与人交往。有接触，必然产生情绪，无论是积极的还是消极的情绪，都会对人际关系产生作用。因此，我们发现，那些人缘好的人通常都有一个本领，当他发现对方情绪不好时，他会充当心灵的慰藉者，帮他排除内心的痛苦和担忧。而当这种消极情绪被排解后，很多因情绪而引发的问题也就自然而然解决了。那么，生活中的人们，你是否具有调节他人情绪的能力呢？我们先来看下面一个故事。

曾经，一位60岁的女士来到某医院，对医生说："大夫，我知道我说出了我的病情你一定会笑话我的。不过我还要告诉你，我的胃里进了一条蛇，已经有好多天了，它不停地咬我，折磨得我吃饭也吃不好，睡也睡不着。"但医生观察了一番，这位女士并没有什么异常，经过胃部检查，也没有发现任何问题，身体其他部位也很健康。

这个医生很快判断,这位女士在精神上有点问题,但是他却不知道如何解决这个问题,所有的结论都无法让她相信胃里没有异常。最后,还是一位手指灵活的大夫解决了她的心理疾病。那个大夫用一根管子深入病人胃里再抽出来,同时将藏在袖子里的一根吊袜带也抽出来给老妇人看,"哎呀,你的胃里还真有条蛇呢,看,它就在这。"

"我没有骗你们吧?"这位女士好像品尝到了胜利的喜悦,觉得自己的感觉还是对的。终于,她满意地离开了医院。

故事中,我们不得不佩服这位医生的智慧,从一般人的角度看,这位女士的问题实在没法解决,但她却能站在病人的角度,用异乎寻常的方法解决了问题。

同样,我们的生活中,总有一些善解人意的人,无论周围的亲人还是朋友心情不顺,他都能以敏锐的眼光在第一时间洞察出来,并能以体谅的心情安慰、关怀他们,让他们重新恢复到平静的状态。因此,如果我们也能有这样的能力,那么,我们必当也能成为受人欢迎的人。

要培养这种能力,需要我们做到以下几个方面。

### 1. 有较强的自我控制情绪的能力

要调适他人的情绪,首先我们自身要做到不被对方感染,如果对方哭泣,你哭得更大声,那么,又如何调适呢?

因此,无论发生什么事,我们自身都必须镇定,只有以平和的心态,才能以客观公正的态度去看待对方的问题,从而帮助对方调适情绪。

### 2. 积极参与社会交往

一个交际广泛的人,阅历才会广泛,才会使人产生积极的情绪体验,积极的情绪体验又会使人们更积极地与人交往,更好地适应环境、应对突发事件,从而形成一个良性循环。

### 3. 陪同他人参与愉快的生活体验

因为增加令人愉快的体验,可以减弱消极情绪状态。这样,即使偶尔遇到

不愉快的事情，也会迅速忘记。为此，你可以陪同对方参与一些积极的社会活动，比如，旅游、唱歌等。

良好的人际关系，是我们生活中一处宝贵的矿藏，它帮助我们获取更多的阅历，也让我们通过帮助他人，增加内心的幸福感，更是我们帮助他人调节情绪的重要保障。想要具备调适他人情绪的能力，除了自身成熟的心智外，积极的社会交往也是必不可少的条件。

## 提升自身的情绪掌控能力

情绪是人与生俱来的一种心理反应，如喜、怒、哀、乐，易随情境变化。人在日常生活中免不了会出现好情绪和坏情绪，如果不能很好地调节并保持情绪平稳，势必会陷入一种痛苦的泥潭之中。因此，我们必须提升自身的情绪掌控能力。

曾经，美国石油大王洛克菲勒遇到一件匪夷所思的事。

这天，他正在办公，但他的门却被打开了，进来一个陌生人。这个人直奔到他的办公桌前，用拳头狠狠地击了一下桌子，然后火气十足地说："洛克菲勒，我恨你！我有绝对的理由恨你！"接着那个脾气火暴的莽汉恣意谩骂洛克菲勒达 10 分钟之久。

洛克菲勒公司的人都赶来了，有职员、秘书，还有其他管理者，看到此情此景，大家都气愤极了。他们满以为洛克菲勒会打电话叫来保安，把这个无礼的家伙从办公室内赶出去。他完全可以这么做，但出乎所有人意料的是，洛克菲勒并没有这么做，而是停下手中的工作，用和善的眼神注视着眼前这位言语攻击者。而且一言不发，对方越暴躁，他就显得越和善！

最终，倒是这个无礼的人被洛克菲勒弄得莫名其妙，并渐渐地平息下来。实际上，他是故意来此与洛克菲勒作对的，并且，他在打算攻击洛克菲勒前，已经做好了各种回击洛克菲勒的准备。但是，洛克菲勒就是不开口，这反而让

**赢在情绪**

他不知如何是好了。

最终，他又在洛克菲勒的桌子上猛敲了几下，仍然得不到回应，只得索然离去。洛克菲勒呢？就像根本没发生任何事一样，重新拿起笔，继续他的工作。

看完这则故事，我们不得不感慨，洛克菲勒确实是一个忍耐力极强的人。这里，面对莽汉的无理取闹，如果他以同样的态度报复，那么，情况就会更糟。

因此，如果你拒绝生气，维持对自己的控制，保持冷静和沉着，那么，就等于你已经掌控了整个局面。

可见，一个成熟的人应该有很强的情绪控制能力。无论遇到什么事情，哪怕是违背自己本意的事情，都得控制自己的情绪，不能有过激的言行。唯有如此，才能成就大事，从而达到自己的目标。

那么，我们如何提升自身的情绪掌控能力呢？以下是专家提的几点建议。

**1. 要愿意观察自己的情绪**

不要抗拒做这样的行动，以为那是浪费时间的事，要相信，了解自己的情绪是重要的领导能力之一。

**2. 要愿意诚实地面对自己的情绪**

每个人都可以有情绪，接受这样的事实才能了解内心真正的感觉，更合理地去处理正在发生的状况。

**3. 问自己四个问题**

我现在是什么情绪状态？假如是不良的情绪，原因是什么？这种情绪有什么消极后果？应该如何控制？

**4. 给自己和别人应有的情绪空间**

给自己和别人都停下来观察自己情绪的时间和空间，这样才不至于在冲动下做出不适当的决定。

### 5.替自己找一个安静身心的法门

每个人都有不一样的方法使自己静心,都需要找到一个最适合自己的安心方式。

身处低谷而不悲观,承受压力而不退缩,能够做到这两点的人,必定是个善于管理情绪的人,也是个能够掌握自己生活的人。他们与人相处和谐而愉快,出现矛盾和摩擦时以其出众的涵养与风度缓和并解决问题。这种人,也注定是最终获得幸福和成功的人。

# 了解自身的情绪稳定力

我们先来做一套测试题。

1. 你从柜子里拿出昨天刚买的新衣服,再看看,你觉得它怎样?

a. 觉得不称心　　　　b. 觉得很好　　　　c. 觉得可以

2. 你是否曾经想过若干年后会发生一些不安的事?

a. 经常想到　　　　b. 从来没想到　　　　c. 偶尔想到

3. 你的同事、朋友或者同学是否拿你开涮过?

a. 这是常有的事　　　　b. 从来没有　　　　c. 偶尔有过

4. 你已经准备上班去了,但出门前,你是否会担心门没锁好,窗户是否关好等?

a. 经常如此　　　　b. 从不如此　　　　c. 偶尔如此

5. 对于你和你最亲密的人的关系,你满意吗?

a. 不满意　　　　b. 非常满意　　　　c. 基本满意

6. 半夜醒来,你经常会有害怕的感觉吗?

a. 经常　　　　b. 从来没有　　　　c. 极少有这种情况

7. 你会经常做噩梦,然后惊醒吗?

a. 经常 　　　　　　　b. 从没有 　　　　　　c. 偶尔有

8. 你是否曾经有多次做同一个梦的情况?

a. 有 　　　　　　　　b. 没有 　　　　　　　c. 记不清

9. 有没有一种食物使你吃后呕吐?

a. 有 　　　　　　　　b. 没有 　　　　　　　c. 偶尔有

10. 除去看见的世界外,你心里有没有另外一种世界?

a. 有 　　　　　　　　b. 没有 　　　　　　　c. 说不清

11. 你心里是否时常觉得你不是现在的父母所生?

a. 时常 　　　　　　　b. 没有 　　　　　　　c. 偶尔有

12. 你是否曾经觉得有一个人爱你或尊重你?

a. 是 　　　　　　　　b. 否 　　　　　　　　c. 说不清

13. 你是否常常觉得你的家庭对你不好,但是你又确知他们的确对你好?

a. 是 　　　　　　　　b. 否 　　　　　　　　c. 偶尔

14. 你是否觉得好像没有人理解你?

a. 是 　　　　　　　　b. 否 　　　　　　　　c. 说不清楚

15. 早晨起床时,你最经常出现的感觉是什么?

a. 秋雨霏霏或枯叶遍地　b. 秋高气爽或艳阳天　　c. 不清楚

16. 你在高处的时候,是否觉得站不稳?

a. 是 　　　　　　　　b. 否 　　　　　　　　c. 有时是这样

17. 你平时是否觉得自己很强健?

a. 否 　　　　　　　　b. 是 　　　　　　　　c. 不清楚

18. 你是否习惯了一回家就把房门关上?

a. 是 　　　　　　　　b. 否 　　　　　　　　c. 不清楚

19. 你坐在小房间里把门关上后,是否觉得心里不安?

a. 是 　　　　　　　　b. 否 　　　　　　　　c. 偶尔是

20. 当一件事需要你作出决定时,你是否觉得很难?

a. 是 　　　　　　　　b. 否 　　　　　　　　c. 偶尔是

21. 你是否常常用抛硬币、玩纸牌、抽签之类的游戏来测凶吉?

a. 是 　　　　　b. 否 　　　　　c. 偶尔

22. 你是否常常因为碰到东西而跌倒？

a. 是 　　　　　b. 否 　　　　　c. 偶尔

23. 你是否需用一个多小时才能入睡，或醒得比你希望的早一个小时？

a. 经常这样 　　　b. 从不这样 　　　c. 偶尔这样

24. 你是否曾看到、听到或感觉到别人觉察不到的东西？

a. 经常这样 　　　b. 从不这样 　　　c. 偶尔这样

25. 你是否觉得自己有某种超能力？

a. 是 　　　　　b. 否 　　　　　c. 不清楚

26. 你是否曾经觉得因有人跟你走而心里不安？

a. 是 　　　　　b. 否 　　　　　c. 不清楚

27. 你是否觉得有人在注意你的言行？

a. 是 　　　　　b. 否 　　　　　c. 不清楚

28. 当你一个人走夜路时，你是否觉得后面有人跟踪？

a. 是 　　　　　b. 否 　　　　　c. 不清楚

29. 听到有人自杀了，你有什么想法？

a. 可以理解 　　　b. 不可思议 　　　c. 不清楚

以上各题答案，选 a 得 2 分，选 b 得 0 分，选 c 得 1 分。请将你的得分统计一下，算出总分。得分越少，说明你的情绪越佳，反之越差。

总分 0~20 分，表明你情绪基本稳定，自信心强，具有较强的美感、道德感和理智感。你有一定的社会活动能力，能理解周围人们的心情，顾全大局。你一定是个性情爽朗、受人欢迎的人。

总分 21~40 分，说明你情绪基本稳定，但较为深沉，对事情的考虑过于冷静，处事淡漠消极，不善于发挥自己的个性。你的自信心受到压抑，办事热情忽高忽低，瞻前顾后，踌躇不前。

总分在 41 分以上，说明你的情绪极不稳定，日常烦恼太多，使自己的心情处于紧张和矛盾中。如果你得分在 50 分以上，则是一种危险信号，你务必请心理医生进一步诊断。

**赢在情绪**

在情绪不稳定时，我们首先要意识到它在波动，然后采取相应的方法，如放松自己，或是控制自己的思维，使自己的情绪稳定下来。一个稳定的情绪，积极的态度，是我们成功的基石，幸福的保障。

# 正确分析自己的情绪类型

情绪是一种生理应激反应，是人在受到外界事物刺激后的复杂心理变化。中国古代有诗歌这样描述："月有阴晴圆缺，人有悲欢离合。此事古难全。"就是说自然界事物有变化，我们的内心世界也有起伏，月亮不会一直圆满，我们的情绪也不会一直良好。

我们日常生活中的活动，在多大程度上受理智的控制，又在多大程度上受情绪的支配？在这方面，人与人之间存在很大差异，这里面气质、性格、情绪、阅历、素养等都起着一定的作用。我们只有认清自己情绪的类型，发挥理性的控制，才能实现情绪反应与表现的均衡适度，确保情绪与环境相适应。

心理学家将人的情绪类型简单分为以下三个类型。

理智型：很少因什么事而激动，表现出很强的克制力甚至冷漠感；对他人的情绪缺乏反应，感情生活平淡而拘谨，因此常会听到别人在背后说你是"冷血动物"。你需要放松自己。

平衡型：情绪基本保持在有感情但不感情用事、克制但不过于冷漠的状态；即使在很恶劣的情绪下握起拳头，也仍能从冲动情绪中摆脱出来，因此，很少与人争吵；感情生活十分愉快、轻松。

冲动型：非常情绪化，易激动，反应强烈；往往十分随和、热情，或者感情脆弱、多愁善感；可能常会陷入那种短暂的风暴似的感情纠纷中，因此，麻烦百出；别人若想劝你冷静，是件很难的事。这里有必要提醒你，一定要克制自己。

那么，我们该如何认识到自己的情绪类型呢？以下几种方法有助于我们了解自己的情绪。

## 1. 记录法

做一个自我情绪的有心人。你可以抽出一至两天或一个星期，有意识地留意并记录自己的情绪变化过程。可以以情绪类型、时间、地点、环境、人物、过程、原因、影响等项目为自己列一个情绪记录表，连续地记录自己的情绪状况。回过头来看看记录就会有新的感受。

## 2. 反思法

你可以利用你的情绪记录表反思自己的情绪，也可以在一段情绪过去之后反思自己的情绪反应是否得当，为什么会有这样的情绪？产生这种情绪的原因是什么？有什么消极的、负面的影响？今后应该如何消除类似情绪的发生？如何控制类似不良情绪的蔓延？

## 3. 交谈法

通过与你的家人、上司、下属、朋友等进行诚恳交谈，征求他们对你情绪管理的看法和建议，借助别人的眼光认识自己的情绪状况。

## 4. 测试法

借助专业的情绪测试软件工具，或是咨询专业人士，获取有关自我情绪认知与管理的方法建议。

自我认知是一个人能够获得成功的关键因素。每个人的行为与表现，都源自他的自我评价。同理，对于自我情绪的正确认知，也是一个人能够掌控自我情绪的关键。人的一生中，情绪如影随形，了解自己的情绪类型，对于我们更好地掌控情绪，有着十分重要的意义。

赢在情绪

# 第03章
# 情绪转移，学会用快乐的事填补自己

没有一帆风顺的人生，只有懂得掌握风向的人。在人的一生中，好情绪和坏情绪都是我们的密友，如影随形。当我们身处困境，被不良情绪缠绕时，向他人发泄不可取，自己强咽又伤心伤身。这个时候，我们便需要有意识地去做一些别的事，来将内心的痛苦宣泄出去。如运动、听音乐、看电影、读书等，这些活动，不仅可以转移我们的注意力，还可以缓解情绪，令自己不再沉沦于坏情绪的困扰。

## 让心宁静先学会遗忘

人生在世，难免会遇到一些挫折、失败和痛苦，这都是不顺心的事。但如果我们把痛苦埋在心里，日积月累，长此以往，一个人就会深陷意志消弭的泥潭而不能自拔，跌进精神委靡的深渊而不能解脱。因此，要远离痛苦演绎的"悲惨世界"，就要找到一剂"止痛"的良方，这剂良方就是忘却。

忘却也是保持心理平衡的好办法。忘记烦恼、忘记忧愁、忘记苦涩、忘记失意、忘记昨天、忘记自己、忘记他人对你的伤害、忘记朋友对你的背叛、忘记脆弱的情怀。忘记你曾有的羞悔和耻辱……这样你便可乐观豁达起来。

的确，很多时候，人们都是在为过去所累，过去的冤怨，过去的争吵，过去的误解，过去的情感，包括过去的辉煌与荣耀。其实那些，不过都只是飞过头顶的一片云彩，飘过眼前，便云消雾散。懂得忘记不快的人是豁达的、成熟的、美丽的。因为：忘却就是一种豁达，一种千帆过后的沧桑沉淀。世事无常，命运颠沛，生活还是无谓地继续着，去糟入鲜，除旧迎新，遗忘一些过往之后会使体内的血液更新鲜地涌动！

忘却也是一种成熟，一种阅尽繁华之后的淡泊。在每一个无人的夜晚，梳理思绪，不要再有目光穿透伤悲，活在当下，更真实地拥抱自己！

忘却也是一种美丽，一种禅意的空灵。刻意的遗忘相对来讲是困难而苦累的。但只要是你想抛弃那包袱，没有不可能的。而无意的遗忘，是一种不深刻的体现，但也体现了人生的练达旷意。

既然这样，我们就要学会善于淡化烦恼，忘记烦恼。那么，如何才能淡化和化解烦恼呢？你可以试试以下方法。

### 1. 逆向思维比较法

比如发生了重大的车祸，死伤多人，皆为不幸。未伤者受惊，轻伤者轻痛，重伤者重痛，死亡者惨痛，由前往后比，虽是不幸，但又是大幸。

### 2. 把一切交给时间

时间是淡化、忘却痛苦的最好利器。遇到烦恼之事，倘若你主动从时间的角度来考虑，心中对此烦恼之事的感受程度可能就会大大减轻。受了上司的当众批评，面子很过不去，心里难以承受，不妨试想一下，三天后，一星期后甚至一个月后，谁还会把这件事当回事，何不提前享用这时间的益处呢？

### 3. 忘却不是逃避

就是勇于承认现实，坦然面对现实，对任何既成事实的过失以及灾祸，不必为之过多地后悔和烦恼，也不必因此而不休地责备自己或他人，而应把思想和精力放在努力弥补过失、最大可能地减少损失方面，否则过多的后悔、不休

的责备，不仅于事无补，而且还会扩大事端，增加烦恼。

当然，忘却不快，并非是简单地对过去的抹去和背叛，而是把往昔的痛苦与烦恼沉淀于心底，更好地主宰自己的命运，把握未来。学会遗忘，走出烦恼泥潭，便会倍感生命的可贵，生活的绚丽，从而让生命更富有朝气和力量。

人的一生辗转曲折，谁都不是一帆风顺的。选择忘却，是为了丢掉包袱，更加轻松愉快地前行。当我们学会适当地抛弃那些本心之外的附属品，简单的生活会令我们更接近幸福的真谛。

## 别让负面情绪将自己逼进死胡同

生活中难免会遇到一些不顺心的事情，不快的情绪如果没有及时得到排解，将会有害身心健康。但是，假如我们凡是遇上不顺心的事情，就将自己不快的情绪发泄到家人或朋友身上，又会伤害身边最亲近的人，甚至影响家庭或同事间的和睦关系。其实，当出现不良情绪时，可以使注意力转移到其他活动上去，忘我地去干一件自己喜欢干的事，如练习书法、打球、上网等，从而使心中的苦闷、烦恼、愤怒、忧愁、焦虑等不良情绪通过这些有情趣的活动得到宣泄。

美国金融公司经理伍德亨先生能够取得辉煌的成就，得益于他年轻时养成的一种调整情绪的习惯。那时，他还是一个公司里的小职员，受到同事们的轻视。

一次，他忍无可忍，决定离开这个公司。临行前，他用红墨水把公司里每一个人的缺点都写在纸上，将他们骂得体无完肤。骂完后，他的怒气逐渐消去，决定继续留在公司。从那次以后，每当心中愤怒的时候，他总是把满腹牢骚都用红墨水写在纸上，立刻感觉轻松不少，好像一个被放了气的皮球一样。这些纸条一直被他隐藏起来，从不拿给别人看。后来，同事们知道他的这种宣泄怒

气的方法后，都觉得他极有涵养。上司知道后，也对他青睐有加。

那么，生活中的我们，又该如何转移注意力，分散不快乐呢？

### 1. 倾诉

倾诉可取得内心感情与外界刺激的平衡，去灾免病。当遇到不幸、烦恼和不顺心的事之后，切勿忧郁压抑，把心事深埋心底，而应将这些烦恼向你信赖的、头脑冷静、善解人意的人倾诉，自言自语也行，对身边的动物讲也行。

### 2. 读书

读感兴趣的书，读使人轻松愉快的书，读时漫不经心，随便翻翻。但抓住一本好书，则会爱不释手，那么，尘世间的一切烦恼都会抛到脑后。

### 3. 求雅趣

雅趣包括下棋、打牌、绘画、钓鱼等。从事你喜欢的活动时，不平衡的心理自然逐渐得到平衡。"不管面临何等样的目前的烦恼和未来的威胁，一旦画面开始展开，大脑屏幕上便没有它们的立足之地了。它们隐退到阴影黑暗中去了，人的全部注意力都集中到了工作上面。"伊丽莎白就是通过画画治好了忧郁症。

### 4. 做好事

做好事，获得快乐，平衡心理。做好事，内心得到安慰，感到踏实；别人做出反立，自己得到鼓励，心情愉快。从自己做起，与人为善，这样才会有朋友。在别人需要帮助时，伸出你的手，施一分关心给人。仁慈是最好的品质，你不可能去爱每一个人，但你尽可能和每个人友好相处。

当我们受到不良情绪的困扰时，有很多种方法能够帮助我们转移注意力，缓解情绪，让我们不再需要压抑自己。强烈的情绪就像洪水，一味地压抑只会让它更加危险，一旦爆发便不可收拾。利用各种方法合理疏导情绪，令其得到释放，人生路上，我们才能轻装上阵。

赢在情绪

## 转移注意力，分散不快乐

情绪，是一把双刃剑。当情绪被我们牢牢地掌握时，情绪就成为我们驯服的奴隶，我们便随时可以让坏情绪远离我们。无论顺境逆境成功失败得意失意，我们始终能保持冷静的头脑从容面对，泰然处之眼前的事，体现修养和品质。但当情绪占据了我们的生命而挥之不去时，我们便沦为了情绪的奴隶。此时，坏的情绪可能使我们变得盲目、冲动、急躁、易怒，生活的常规被改变，人生的帆船在漂摇，于是失落、伤感、沮丧、绝望接踵而至，甚至歇斯底里，我们最终被情绪逼进了死胡同。其实，谁都有坏情绪，面对坏情绪，只要我们调节，就能及时消除，其中，重要的方法之一就是转移法。

薇琪是一家外企公司的职员，她心地善良，也受到很多同事的欢迎，可是令她不明白的是，为什么许多和自己一起进公司的同事都晋升了，而自己还原地不动。

有一次，公司准备派一个女职员去接待合作公司的代表，薇琪想："这次该是我去了吧，我是公司外语最好的，应该没有理由不让我去了。"可是，第二天，公司还是没让她去，而是让一个新手去了。这让薇琪很不舒服，她这次真是忍无可忍了，她准备找主管问清楚。当她正准备进主管办公室时，她在门外听到主管和经理的对话。

"经理，这样不好吧，薇琪的确能力挺强的，这次是不是太伤她的心了？"

"就她那个火暴脾气，万一她和合作方的代表两句话不对头吵起来都说不定，我可不能让她砸了公司的生意。你们有时间也多去劝劝薇琪改改自己的情绪，能力好也总不能工作情绪化，这是我们公司员工必备的素质和修养。"

这些话被门外的薇琪听见了，她终于知道自己的致命弱点了，怪不得以前大家都说在这家公司必须得养个好性子，否则别想升职，她算是明白了。

后来，薇琪尝试着控制自己的情绪，每次当自己要发作时，她都会选择以写字的方法来转移情绪。当她写了满满一页纸的时候，她的心情也就好了。一

上篇 解码情绪，认清人生的方向

段时间以后，她的谈吐果然不一样了，整个人的气质也由内而外改变了很多。不到几个月，这些改变都被领导看在了眼里，当然她的晋升梦实现了。关键的是，她的品质和修养得到了提升。

人类最大的敌人永远是自己，坏情绪就像弹簧，假如你失去勇气一次又一次地后退，坏情绪就会一次又一次地前进，直到最后占据你心灵的高地，全盘操纵你的一切。你的正义、勇敢、进取、积极、坚毅的品格全都遭受最无情的蹂躏和践踏，直至这一切消失殆尽。于是，走向失败，走向毁灭。

所以，我们不但要控制坏情绪，还要学会转移情绪，当我们被坏情绪所困扰，又不能对他人发泄的时候，不妨尝试自我调节和放松。心理学家认为，"在发生情绪反应时，大脑中有一个较强的兴奋灶，此时，如果另外建立一个或几个新的兴奋灶，便可抵消或冲淡原来的优势中心。"我们因为某件不顺心的事情烦躁、暴怒的时候，可以有意识地做点别的事情来分散注意力，缓解情绪。如听音乐、散步、打球、看电影、骑自行车等活动，都有利于缓解不良的情绪。

坏情绪不仅是个人健康的死敌，更是人际交往中的"杀手"。人生在世，难免受到七情六欲的影响。当我们被不良情绪所困扰时，应学会用其他的行为来转移注意力，从而达到缓解情绪的目的。

## 寄情大自然，让你忘却那些烦恼

身处于世，我们难免因为尘世中的琐碎事件而影响心情，我们的烦恼会不断增多，日积月累，我们心灵的垃圾就会堆积起来，这对于我们的身心健康是极为不利的。因此，现代城市人寻求到了一种释放压力、忘却烦恼的方法——走进大自然。大自然的奇山秀水常能震撼人的心灵。登上高山，会顿感心胸开阔；放眼大海，会有超脱之感；走进森林，就会觉得一切都那么清新。

曾经有个男青年，他与相恋两年的女友分手了。男青年十分钟情于女友，

分手之后的一段时间,他终日茶饭不思,夜不能寐,十分痛苦。身体也逐渐大不如从前。爱恨交织之下,他居然萌生了报复她的念头。

男青年的一帮朋友看在眼里,急在心上,生怕男青年出事。后来,他们想到一个方法——多带男青年出门走走。于是,周末带他走进大山大河,投入大自然的怀抱。他们寄情于山水之中,并用许多事实和道理开导他,让他学会忘却。山的博大胸襟,江的容纳气度,水的坚韧品质,朋友们清泉般穿透心田的良言,终于让他明白了许多。渐渐地,他从伤痛的沼泽地走了出来。

的确,当我们心理不平衡、有苦恼时,应到大自然中去。山区或海滨周围的空气中含有较多的阴离子。阴离子是人和动物生存必要的物质。空气中的阴离子越多,人体的器官和组织所得到的氧气就愈充足,新陈代谢机能便强盛,神经体液的调节功能增强,有利于促进机体的健康。愈健康,心理就愈容易平静。

大自然让人感到亲切。人类是在大自然当中生存发展的,人类本能对自然界有种亲切感,而大自然的节律有利于人类的发展。

现代人虽然远离大自然,但是本能和遗传的作用还是让人能感到大自然的亲切。这种亲切感会让人倍感放松。

我们应掌握两点与大自然亲近的诀窍:

(1)一旦走进大自然,就要全身心地投入当中。比如,到草地上躺躺,到大树下睡一觉,将脚放到流淌的清泉里,还可以钓鱼、赏花,或者只是呼吸品味大自然中的气息……

(2)出去时最好带上自己信任的人,如家人和好朋友。一边在美丽的风光中游览,一边和身边的人聊聊心事。这样会收到意想不到的减压效果,可能感觉自己换了一个人似的。

有条件的话,最好到真正的大自然当中,比如郊区。如不具备条件,可考虑到城市公园等人造的自然风光中去,当然效果会打些折扣。在走进大自然之前,可能还得考虑时间、金钱等问题,多数情况下,这一切都是值得的。

无数的实践证明,走进大自然,可以使人们身心愉悦,摆脱不良情绪的困扰。当心灵得到净化,再重新去看眼前那些不顺遂的事,也会变得云淡风轻。

上篇　解码情绪，认清人生的方向

## 用音乐的力量感染转变情绪

现代社会中的人们，每天都必须面临繁重的工作和生活压力，难免会有情绪低落的时候，当人的心情处于低潮时，对任何事情都提不起兴趣。所以，要想摆脱这种心情，首先应该让本人不要总是去想这些问题，转移注意力。而音乐就是舒缓心情、调节身心的良好方法。

在古希腊，人们相信音乐是神赐予的。传说中，奥菲斯弹奏阿波罗送他的那把七弦琴，可使野兽平静、对木跳舞、河水停止流动。他的音乐深深地打动着人心，可谓余音绕梁、三日不绝。人们甚至相信，他曾用自己的音乐说服了阴间之神释放他心爱的尤莉狄斯。

可见，音乐是一种可以唤醒沉醉灵魂的力量。音乐作为一种艺术，它之所以能打动人，是因为它能以动感的声音方式表现出一种情感，它所蕴含的宁静致远、清淡平和，可以使终日奔忙、身心俱疲的现代人得到彻底放松。作为奔波于现代闹市中的人，一定要懂一点音乐。在音乐的圣殿中，我们能暂时忘记生活的琐碎，工作生活的不顺心，能获得音乐给予我们的心灵滋养。音乐是一种可以抚慰心灵的媒介，它可以和心灵产生共鸣，并把心中的不良情绪释放出来，还可以让自己浮躁的内心恢复平静。当我们为现代生活所累时，不妨尝试一些音乐疗法。那么，什么是音乐疗法呢？

音乐疗法是通过生理和心理两个方面的途径来治疗疾病，一方面，音乐声波的频率和声压会引起生理上的反应；另一方面，音乐声波的频率和声压会引起心理上的反应。听音乐时，音乐能够启动大脑的情感中枢，这一大脑区域与人体在受到食物、性以及麻药甚至毒品刺激下变得异常活跃的区域完全一致。这一发现具有非常重要的意义，因为音乐不会像药品那样直接对大脑产生作用，所以这种间接作用就显得更为神奇。

音乐疗法是一种令人感到愉快的自然疗法，它能提高大脑皮层的兴奋性，可以改善人们的情绪，激发人们的感情，振奋人们的精神。同时，有助于消除

27

**赢在情绪**

心理、社会因素所造成的紧张、焦虑、忧郁、恐怖等不良心理状态,提高应对能力。

音乐治疗在以下几个方面的疗效是显而易见的:有助于释放情绪,提高自我表达能力;减压、排忧解困;改善身体和情绪功能,提高情商;改善人际关系及提高处事技巧;减少不恰当行为及增强自制;改善学习兴趣,提高身体灵活性;增加专注力与定力;强化个性气质;加快自我成长,提升自我价值,确定人生方向;缓解并医治身体的各种病症。

人类拥有多种多样的陶冶心灵的艺术形式,如文学、美术、舞蹈等,音乐便是其中的一种。美好的音乐会令人沉醉在幸福的感受中,忘记其他的欲望或者烦恼,孔子曾闻丝竹而三月不识肉味。当我们陷身于困境时,不妨让音乐引领我们走出泥沼吧!

上篇　解码情绪，认清人生的方向

# 第 04 章
# 情绪释放，为自己的情绪找一个宣泄地

现代社会，人们工作生活压力巨大。虽然大家都知道良好的情绪有益于身心健康，但面对着种种不期而至的烦恼，人们往往无法避免不良情绪的来临。面对这些坏情绪，我们如果一味地压抑自己，最终会导致身心严重受损。因此，当负面情绪出现时，我们应当采取合理的方式，尽快地将其宣泄出去。有人会到空旷的地方呐喊，有人会痛快淋漓地运动一番，也有人喜欢找亲近的人倾诉，这些，都不失为缓解压力的好办法。将种种不如意彻底释放后，我们便可以收拾好心情，重新轻装上阵。

## 别压抑，找到适合的宣泄方式

生活中，你是否遇到过这样的情况：一大早，六点钟的闹钟就把你惊醒，因为八点钟之前你就要到公司，而你还必须得为孩子准备早饭、开车把他送到学校。然而，你叫了几次，孩子都不起床，正当你为此生气时，你又不小心打翻了为孩子做好的早饭，你更是火冒三丈，眼看着你就快要失控了；当你好不容易赶到办公室，却发现自己已经迟到了，你的名字已经挂在了迟到者名单上，这个月的奖金又没了，你心里倍感委屈，生活怎么这么艰辛？

其实，生活、工作中，类似于这样的让我们产生负面情绪的事情实在太多，

**赢在情绪**

孩子不听话、同事不合作、上司没来由的批评等，都会成为我们情绪的导火索。此时，如果我们处理不当，就很有可能酿成人仰马翻的惨剧。

当然，如果一味地压制这些情绪，问题也并不会因此解决，同时，积压在身体内部的负面能量会因此反而不利于我们的身心健康，比如会引发头痛、胃病等，所以压抑绝不是面对愤怒的最好方法。

每个人都会对身边的事情产生情绪，人类本身就是情绪化的东西，都有喜怒哀乐，那些脾气好的人也并不是没有情绪，也并不是一味地压制自己的情绪，而是懂得以正确的方式排解心中的不快，而不是将情绪传染给身边的人，让他们成为我们情绪发泄的对象。面对情绪，我们可以适时找到合理的宣泄方式，把情绪放走。

所谓合理发泄情绪，是指在心中产生不良情绪时，在发泄的时候，选用合适的方式方法，选择合理的场所。有以下两种发泄悲观情绪的方法。

### 1. 倾诉法

当你觉得内心憋闷、心情抑郁时，可以选择倾诉的方式来排遣。倾诉的对象可以是你的朋友、同事，也可以是你的亲人，这样使消极情绪发泄出来后，精神就会放松，心中的不平之事也会渐渐消除。

### 2. 哭泣

人们面对突如其来的灾祸、精神和身体上的打击，都可以选择一个合适的场所放声大哭。当你遭到突如其来的灾祸，精神受到打击心里不能承受时，可以在适当的场合放声大哭。这是一种积极有效的排遣紧张、烦恼、郁闷、痛苦情绪的方法。

### 3. 摔打安全的器物

如枕头、皮球、沙包等，狠狠地摔打，你会发现当你精疲力竭时，内心是多么畅快。

上篇　解码情绪，认清人生的方向

### 4.高歌法

唱歌尤其是高歌，除了愉悦身心外，它还是宣泄紧张和排解不良情绪的有效手段。

人类是感情动物，而生活在社会中，我们更需要拥有理智。感情一旦失去理智的控制，便会一发不可收合，带来不可预料的后果。面对负面情绪，我们需要理智地分析、理智地发泄，这样缓解情绪，才能收到较好的效果。

## 尝试倾诉，烦恼时不妨同朋友多交流

人都是群居动物，我们在人生旅途中，都会拥有几个知心朋友。我们都知道，我们虽然有一定的抗压能力，但如果压力过大不加排遣、一个人闷在心里或独自受委屈，对健康不利。而心理学实践表明，把自己遇到的压力、烦恼对别人说出来，有宣泄作用。因为与别人交谈能让他们分担你的感受，让压力得到分散；倾诉压力和烦恼的过程，就是整理、清晰化自己思路的过程，对减压有益。可见，当我们因为压力而内心郁结时，不妨找个知己倾诉，把烦恼都说出来，这样，你会轻松得多！

当我们心情压抑的时候，不妨找个倾诉对象。人的情绪受到压抑时，应主动把心中的烦闷苦恼都说出来。尤其是那些性格内向、不善交际的人，他们多半是无法靠自己的力量做好自我调节的，因此，可以选择通过向信赖的好友倾诉来排遣。有些事情其实并不像当事者想得那么严重，然而一旦钻进牛角尖，就越急越生气，如果请旁观者指导一下，可能就会豁然开朗，茅塞顿开。

每天为生活劳累的人们，如果把你的压力和困扰告诉朋友，可以让你觉得舒服些的话，这未尝不是个减压的好方法。把你的压力说出来，也许你会觉得舒服很多。那么你也可以找一些可以信任的朋友，一起出去喝喝咖啡，把你的困扰告诉他们。

向知己倾诉,具有以下几点操作诀窍。

### 1. 交几个知心朋友

研究压力方面的心理学专家说:"女性其实是一种很需要别人支持的群体。所以,对于女性而言,强大的后备力量就显得尤为重要了。"其实,不只是女人,我们任何人都需要朋友,更需要知心朋友。举个很简单的例子,当你不小心把手割伤了,你一定会寻找创可贴之类的药物,而同样,当我们遇到不开心的事时,我们也会不由自主地寻找可以为我们打气的人。也就是说,我们只有具备几个可以掏心掏肺的知己,才能在需要他们时,让他们挺身而出。

### 2. 你的知己要有一定的抗压能力

曾有专家建议:"无论是朋友,还是亲人,你都可以依赖。但是,你必须找到在你压力大时,真的能帮助你的人。"如果你的朋友的抗压能力还不如你,那么,可想而知,对于你的苦恼,他是帮不上忙的,甚至他的心情也会被你影响。

### 3. 朋友的知心是前提

当然,这里的知己,是指那些能为你保守秘密的朋友。其实这点是非常重要的。每个人的人生阅历不同,因此看待问题的角度也有所不同。即使是双胞胎,在处理同样一件事时,也往往会采取不同的方法。一个人的见解始终是有限的,当我们被一些困扰搞得手足无措时,不妨找个知己,倾诉一番自己的无奈,然后再倾听一番他们的看法。

## 适度争吵可以快速解决问题

生活中,我们总希望与他人和睦相处,即使遇到矛盾、受了委屈等,我们也独自承受,因为我们不想争吵,不想影响人际关系。而这样做,问题并没有

上篇　解码情绪，认清人生的方向

解决，长此以往，我们内心的不快会因此积压，不利于身心的健康。实际上，我们一直避免的争吵却是一种快速解决问题的方式。争吵，至少证明我们都有解决问题的愿望，这正是沟通感情、表达内心需求的一种方式。然而，即使争吵，我们也要注意度的问题，不要一旦和爱人、家人吵架，就大发脾气，大动干戈。

小雨和丈夫结婚已经满三个月了。她和丈夫是相亲认识的，谈恋爱的时候，她对这个男人实在太中意了，他潇洒大方、事业成功、家境殷实，以至于他在向小雨求婚时，小雨想都没想就答应了。但婚后，小雨发现，原来婚姻并没有她想象中那么幸福，她一下子由一个美丽的女人变成了整天和锅碗瓢盆打交道的家庭妇女，每天都要面对丈夫的臭袜子。最可恨的是，丈夫是个大男子主义者，他希望小雨什么都听他的，这哪里是小雨的风格？于是，吵架开始了，一气之下，小雨带着怨气回了娘家。

椅子还没坐热，小雨就一股脑儿把自己的委屈都说了出来。在一旁看报纸的父亲也凑过来，他对小雨说："你这傻孩子，别动不动就说离婚，夫妻双方吵架是很正常的事，小李人不错，你在路上的时候，他就打电话来了，还跟我们道歉，只要没有原则性问题，吵吵架也没什么啊，越吵越热闹啊！"

听到父亲这么说，小雨扑哧一声笑了："合着您的意思就是鼓励我们吵架？"

"那肯定不是嘛！我的意思是，你别还像没结婚时一样，希望周围的人都围着你转，男朋友哄，爸妈疼着，结了婚，你就为人妻了，要调整好心态，不要动不动就提离婚，说多了会伤害夫妻感情的。再说，吵架了，你们就知道问题的症结了嘛，回去和他好好谈谈。"父亲的话似乎很有道理，小雨听完后，就收拾了东西，洗了把脸就回家了。

这则案例中，已为人妻的小雨因为和丈夫吵架而回到娘家，但最终被父亲劝服。的确，那些感情好的夫妻，也并不是不吵架，他们通常都会本着以解决问题的原则吵，并把握好度。

人们往往说"相敬如宾""平平淡淡就是真"，然而，现代社会，"平淡"之中往往隐藏着危机，没有争吵就没有掏心窝子的交流，很多问题就不能解决，这样的"平淡"还不如"吵闹"来得更坦率，更直接。坦白了各人的想法，不仅宣泄了内心的不快，让大家平静下来，还能让问题以最快的速度解决。

**赢在情绪**

每个人都拥有程度不一的自我意识，因此，生活中的争吵是不可避免的，适度的争吵，也可以增进彼此的交流与了解。但需要注意的是，吵架也需要掌握分寸，要明白争吵是为了解决问题，而不是制造问题。争吵时，无论情绪如何激动，也不可出口伤人。

## 运动起来，在汗水中重生

现实生活中，许多人会面对工作、生活、学习等方方面面的压力，不良情绪常常不期而至。对此，有些人选择向他人发泄，有些人选择闷在心里，也有的感到无所适从。殊不知，运动是排解压力的一种行之有效的好方法。

孙女士是一位医生。自年初医院对主任们实行末位淘汰制以来，她心理压力很大，经常感到头昏脑涨、四肢乏力、心浮气躁，脾气也越来越不好。半年以后，她人瘦了不少，气色也不再红润，有人说她得了抑郁症。近几个月，同事们普遍反映：以前那个心浮气躁、总感不适的她摇身变成了稳重大度、耐心敬业的人。是什么让她放下压力，乐观地去工作与生活？孙女士说，是运动，自从每天练瑜伽、散步，她感到浑身有使不完的劲。

生活中，像孙女士一样存在心理问题的人并不少见。生活中的种种问题让他们情绪不佳，却不知如何宣泄。其实，运动就是一个很好的方法。据统计，有50%的人一周中至少有一天会感到疲惫。美国佐治亚州大学的研究者通过对70项不同研究分析得出：让身体动起来可以增加身体能量、减少疲累感。

不知你有没有这样的体验：当情绪低落时，参加一项自己喜欢又擅长的体育运动，可以很快地将不良情绪抛之脑后。这是因为体育运动可以缓解心理焦虑和紧张程度，分散对不愉快事件的注意力，将人从不良情绪中解放出来。另外，疲劳和疾病往往是导致人们情绪不良的重要原因，适量的体育运动可以消除疲劳，减少或避免各种疾病。

上篇　解码情绪，认清人生的方向

对大多数人来说，日常生活中，只要我们能多参加运动，适当调节自己的心情，就能获得快乐的心情、赶走不快的情绪。因为运动的效果是积极的，它可以激发人的积极情感和思维，从而抵制内心的消极情绪。此外，运动时能促进大脑分泌一种化学物质——内啡肽。内啡肽可以帮助我们降低抑郁、焦虑、困惑以及其他消极情绪，通过改善体能，也能增强自我掌控感，重拾信心。

运动分成有氧运动和无氧运动两种，无氧运动一般都是短时间高强度的，对人的意义不大，弄不好还容易伤到自己。最好还是有氧运动，对人不但有锻炼身体的效果，而且还能调节情绪，有效应对情绪"中暑"。

然而，却有人说，运动会出汗。运动当然是会出汗，这是毋庸置疑的，但除了汗水之外，我们收获的会更多，我们的身心会在汗水中得到释放。再者，并不是所有的运动都像人们想象的那样出很多汗，就比如游泳，夏天，最好的运动方式莫过于游泳。当然，无论哪种运动，出点汗都是好事，出汗之后，只要能迅速补充体液补充矿物质，再加上一个热水澡，那么剩下的就是舒舒服服的感觉了。尤其是在经过了一段时间的剧烈运动后，那些所谓的烦恼都被抛到九霄云外去了，你会觉得身心畅快。有科学研究表明，运动后人体内会产生一些类似于兴奋剂的物质，让人感到愉快。

困难来临时，枯坐原地、愁眉不展又有何用？站起来，去跑，去跳，去运动吧！大汗淋漓之后，那种身心的畅快感受会让你的精神面貌焕然一新，轻松、自信的你，面对诸多问题，必然能迎刃而解。

## 旅行让自己身心沉浸在另一个天地

现代社会中，人们的压力到底有多大？无形的压力主要源自三个方面：工作、经济、健康。每天面对这些烦琐的问题，人们难免产生不良情绪。于是，越来越多的人渴望能自我减压和放松。而"回归自然""亲近自然"的魅力正

**赢在情绪**

在被这些混迹于钢筋混凝土之间的城市人发觉，他们逐渐投身到大自然的怀抱中，呼吸新鲜空气、寄情于山水之间，就连我们喜爱的演员张静初也是个有特殊的旅游情结的人。

张静初喜欢旅行，到一个陌生的地方、一个生动而新鲜的地方，彻底地放松、彻底地做回自己。"旅行有时候是最好的平衡剂，平衡你的欲望、平衡你的心态，找回你对幸福的感知能力。"她最喜欢的旅行方式是和朋友一起自驾车旅行，最快乐的旅行经历是有一次去叙利亚，回来买了足足一箱子当地的银饰、烛台、金粉画等。

演艺圈明星，由于平时工作繁忙压力大，所以在闲暇之余十分需要自我放松、调整情绪。他们会依据个人爱好，选择各种不同的方式来给自己减压。作为普通人的我们，同样也可以选择旅行的方式来亲近自然，以此来宣泄我们的压力和不良情绪，一般来说，你可以选择旅行的方式有很多，比如以下几点。

### 1. 登山

登山的过程，是一个不断征服的过程，当我们跨过一个个山头，就会发现呈现在自己面前的，是另外一片风景，我们的眼界也逐渐开阔起来。同时，爬山还有另外一个好处，那就是锻炼身体。

因此，无论是周末，还是闲暇时间，我们都可以约上几个朋友，去大山里走走，去感受另外一个远离尘嚣的世界。当然，登山的过程中，我们一定要注意安全，最好不要一个人登山。

### 2. 野营、露营

野营，顾名思义就是在野外露营、野炊，这是一种锻炼生活技能的很好的方法，并且，在相互合作的过程中，人与人之间的关系也会变得亲密起来。而除此之外，还有另外一种活动——露营，这是种休闲活动，通常露营者携带帐篷，离开城市在野外扎营，度过一个或者多个夜晚。露营通常和其他活动联系，如徒步、钓鱼或者游泳等。

### 3. 钓鱼

这个活动，我们并不陌生，钓鱼的主要工具有钓竿、鱼饵。

钓鱼的工具其实制作起来很简单，钓竿的材质可以是竹子，也可以是塑料。而鱼饵的种类也很多，可以是蚯蚓，也可以是米饭，甚至可以是苍蝇、蚊虫，也有专门制作好的鱼饵出售。鱼饵可以直接挂在丝线上，但有个鱼钩会更好，对不同的鱼有特殊的专制鱼钩。购置一个鱼漂更有帮助。在周围水面撒一些豆糠会引来更多的鱼。

### 4. 徒步

亦称作远足、行山或健行，它和通常意义上的散步不同，也不是体育活动中的竞走，而是指有目的地在城市的郊区行走，不需要登上山顶，但是登山和穿越密切相关，两种活动经常结合在一起。

旅游带给我们的，绝不仅仅是参观了某处古迹、爬过了某座大山的行程记录，它让我们的心灵得到沉淀，让我们的灵魂得到净化。工作再忙，也总能挤出闲暇的时候，找个时间，找个地点，适时给自己的身心放一个假，看过一圈新的风景后，你会发现生活也更美了。

赢在情绪

# 第05章
# 浇灭火焰，愤怒的情绪只会灼伤自己

每个人在社会生活中都有着自己的行为方式，每个人对于他人的行为，也都有着自己的理解方式，当心中的怒火熊熊燃烧时，我们不可无节制地宣泄，这样会灼伤别人，也会烧毁自己。然而，一味地压抑，不但无法使我们彻底摆脱负面情绪，还会加重我们身心的负担。经过日积月累，这种负面情绪很有可能转化为一种可怕的毁灭式的负能量。因此，我们要学会在愤怒的火焰刚露出苗头时就将它及时浇灭，以免伤己伤人。

## 调整情绪，浇灭愤怒的火焰

在繁忙紧张的现代生活中，人们变得脆弱易怒。是尽情发泄，还是忍气吞声？而事实上，这两种做法都不是正确的处理方法。把怒气发泄给别人，会赶走朋友，得罪他人；而如果只是一味地压抑满腔的愤怒，问题并不会因此得到真正的解决。这股巨大的负面能量若是不能得到纾解，囤积在身体内就会侵蚀我们的健康。

有一天，小魏带儿子从超市逛完回来，在旧货市场门口正常过人行横道线，走到马路中间时发现几米远的地方有一辆红色小车开过来，她心里想想还有段距离，过去是来得及的，更何况驾驶员看到有人在走人行横道应该会让行的。

上篇 解码情绪，认清人生的方向

可是让她意想不到的是这个驾驶员非但没有减速反而加速行驶过来，速度之快让她没有反应能力，当她反应过来的时候就听到一阵急刹车，驾驶员将车停在离她不到半米远的位置，而且已经压在人行横道的线上了，这时她真的是心跳加速，要知道她还带着儿子呀！她下意识抬头一看，开车的竟然是一个比较漂亮的年轻女性。而当她准备离开时，没想到这个女人从车上下来，指着小魏就骂："长没长眼睛啊，没看见车啊？"这时的小魏真觉得莫名其妙，明明是她差点撞了自己和儿子，却反咬一口，真是没道理。而这个时候，马路边上已经聚集了一堆人，开始往这边涌来，对这个女人指指点点的，似乎是在说她不对。小魏本打算把儿子带到安全的过道上再与其理论，可一想，这样实在影响不好，事情又不大，也有损自己形象，于是拉着儿子离开了。剩下那个女人在那里破口大骂，围观的人还没有散去。

小魏的做法是对的，而那个女人则在公众场合丑态百出，可能她自己还没意识到，想从小魏那里赢得一个胜利，而小魏则明智地退身，保全了自己的形象。

那么，怎么做才能完美地处理生活中遇到的愤怒？

### 1. 认识自己发怒的原因

当你的情绪稍微冷却下来以后，你可以试着认识自己发怒的原因。是不是因为同事总是对你的体重或发型冷嘲热讽而气恼不已？是不是每次上司理所当然地要求你加班你都怒不可遏？要预先想好发生这种情况时消除怒气的方法。

### 2. 使用建设性的内心对话

赫尔明指出："许多怒火中烧的人不分青红皂白责备任何人和事，什么车子发动不了啦、孩子还嘴啦、别的司机抢了道啦之类。使怒气徘徊不去的是你自己的消极思维方式。"既然想法是导致情绪的主因，那么，容易动怒的人就应该加强内心的想法，准备一些建设性的念头以备不时之需。例如：

"我在面对批评时，不会轻易地受伤。"

"不论如何，我都要平静地说，慢慢地说。"等。

当你能熟悉这些"灭火"步骤时,你就会发现,自己花在生气上的时间愈来愈少,而花在完成工作的时间也就相对愈来愈多了。必定有用!只要你肯去试。

### 3. 不要说粗话

不管你说的是"傻瓜"还是更粗野的词语,你一旦开口辱骂,就把对方列为了自己的敌人。这会使你更难为对方着想,而互相体谅正是消弭怒气的最佳秘方。

愤怒是一种大众化的情绪——无论男女老少,愤怒这种不良情绪都在毒害着他们的生活。因此,不管在家里,还是在工作中,甚至在与你亲密的人相处的过程中,都需要进行愤怒情绪的调节,从而浇灭愤怒的火焰。

## 多一分思考,少一分冲动

生活中,难免会遇上各种各样的事情,一遇到事情的时候可能就冲动,从而做一些自己都不知道该不该做的事情。因此也就会产生许许多多的埋怨。不管遇到什么事情下,都要冷静地让自己思考一下,哪怕只是短短的几秒钟,也许结果完全不一样!

小罗在他们公司工作多年了,业绩都很不错,也深受领导们的赞赏,但是恰恰遇上了一件让人不开心的事情。最近小罗联系到一个客户,这客户也有点怪异。开始的时候说先打3000元的定金,但客户打了2990元,其实就是扣除了手续费。然后经理就找小罗谈话,说这客户怎么能这样做事。同时也提醒小罗交货的时候一定要把余款收回来。恰恰交货的时候客户说没钱。说是过两天给转账。小罗心想,客户也不会因为余下的几千块钱跑了吧!就没有收货款回到公司。这下惹得经理不高兴了。问小罗为什么不把钱收回,如果收不回来又怎么办?小罗耐心地解释给经理听,但是经理一句话都听不进去。小罗说如果客户第二天没给钱，他会天天打电话催的。当天事情也就过去了。

在那款没收回来的时候，小罗可就没有安静的日子过了，经理一到公司就让小罗催客户的货款。三天过后客户把余款汇了过来，可小罗却觉得自己的这几天像是在被煎熬。因为经理每天都让他催款。所以毅然决定辞职。心想出去后找份工作很容易，结果小罗出去后才知道不是他自己所想的那样。心里非常后悔当初因一时冲动而离职。

可能生活中，有很多人和案例中的小罗一样，因为一时冲动，做出后悔的事。所以，我们不管在做什么事都需要多一份冷静的思考。

具体说来，你需要做到以下几点。

### 1. 放慢语速，调整心情

如果你在说话，可以试着让自己的呼吸均匀下来，然后做自我暗示："放松，冷静。"如果你的情绪很激动，那么，你不妨先闭上眼睛，然后想想让自己高兴的其他事情，并尝试着站在其他人的角度审视自己的行为，慢慢地你就能冷静下来了。

### 2. 抑制怒火，冷静反应

当有人朝你大喊大叫或者用语言攻击你的时候，你怎么做？你是以牙还牙还是置之不理？对于这种情况，你无法控制对方的行为。但我们可以调整自己的行为。此时，你完全可以不做出任何回应。你的反击只会激发对方的挑战情绪，只会让事情更糟糕。而对其不予理睬。对方失去了愤怒的"燃料"供应，想燃烧也难了。

一个理智的人不管遇到什么事情，不管别人如何"挑衅"，都会保持冷静的头脑，会让理智驾驭自己的情绪，体现自己的大家风范。而相反的是，在怒火中燃烧的你，发现了周围人的眼神了吗？发现了对方已经被你深深地伤害了吗？发现了你那恐怖的表情了吗？

赢在情绪

## 拓展心的容量,不让愤怒侵袭

生活中,我们经常会遇到一些令人气愤的事,那些心胸宽大的人都能做到控制好自己的情绪,这不仅会显其大家风范,获得尊重和敬仰,也会收获到很多快乐。

一位德高望重的长老,在寺院的高墙边发现一把座椅,他知道有人借此越墙到寺外。长老搬走了椅子,凭感觉在这儿等候。午夜,外出的小和尚爬上墙,再跳到"椅子"上,他觉得"椅子"不似先前硬,软软的甚至有点弹性。落地后小和尚定眼一看,才知道椅子已经"变成"了长老,原来他跳在长老的身上,后者是用脊梁来承接他的。小和尚仓皇离去,这以后一段日子他诚惶诚恐等候着长老的发落。但长老并没有这样做,压根儿没提及这"天知地知你知我知"的事。小和尚从长老的宽容中获得启示,他收住了心再没有去翻墙,通过刻苦的修炼,成了寺院里的佼佼者,若干年后,成为寺院的长老。

这个小故事估计我们早已耳熟能详,但它却一直向生活中的每个人昭示着同一个道理:宽容精神是一切事物中最伟大的行为。我们在接受别人的长处之时,也要接受别人的短处、缺点与错误,这样,我们才能真正地和平相处,社会才显得和谐。

正所谓,退一步,海阔天空;忍一时,风平浪静。宽容就是不计较,事情过了就算了。每个人都有错误,如果执着于其过去的错误,就会形成思想包袱,不信任、耿耿于怀、放不开,限制了自己的思维,也限制了对方的发展。

一个智者这样说过:"你必须宽容三次。你必须原谅你自己,因为你不可能完美无缺;你必须原谅你的敌人,因为你的愤怒之火只会影响自己和家人;在寻找快乐的路途中,最难做到的或许是你必须原谅你的朋友,因为越是亲密的朋友,越能于无意中深深中伤你。"我们常常是对别人太严厉了。世俗的舌头,我们更习惯用它在人群中掀起风雨。每个人都在企图证明:我是对的,而你是错的。而宽容待人,就是在心理上接纳别人,理解别人的处世方法,尊重别人

的处世原则。

你是否曾因为朋友无意中的一个过错而耿耿于怀？你是否因为想证明自己的观点而对朋友恶语相向？如果是，请考虑一下对方的感受吧！人总有自尊心，没人会愿意被人直指短处。更何况，我们所想的真理，其实可能正是他人认为的谬误。

不过，宽容说起来简单，可做起来并不容易。"包容"，归根结底，根源于爱和理解。只有心中有爱，我们才能以同情的态度对待他人，才会充分尊重他人的立场和见解。只有爱，才能消除彼此的敌视、猜忌、误解；而爱的荒芜和消亡，将使最亲密的人彼此伤害、仇视以至兵戈相向。

宽容是一笔无形的财富，有了宽容之心，我们就会变得善良、真诚，它会帮我们亮起一盏绿灯，帮助我们在工作中通行。选择了宽容，其实便赢得了财富。

## 发现愤怒的根源，斩草除根

我们生活、工作中的周围，总是有这样一些修养良好的人，他们对世间万事万物都能泰然处之，即使"兵临城下"，也不会愤怒。这并不是因为他们没有情绪，而是因为他们更能权衡好不良情绪给自己和他人带来的不利影响，因此，他们通常会在最快的时间内找到怒火之源，并将其彻底消灭。而这样的人也能得到他人的认可，因为他不会让自己的负面情绪伤害到身边的人。同时，他也成就了自己美好的修养和品质。

小徐是一家医院的护士，在一天的日记中，她这样写道：

周六那天早晨一个女的带一个小孩来挂水，那女的穿得还有模有样的，没想到素质很差。那天天气一点都不热，大概只有27摄氏度。她一来就把输液室的空调打开了，她也不顾其他病人。开就开了我也没讲什么，但是她倒好，开空调却把我们的门窗全开了。我就说："你开空调至少要把我们的窗户关一下。"我也没觉得我说了什么过分的话，那女的立马来一句："好玩呢，不是你来关了吗？你自己的事情不做，要我做啊？"听到这话，我真气得够呛，但是我还是忍了，毕竟有其他病人在，吵起来对其他病人也不好，我没讲话就走了。过了10分钟陆续有病人换地方挂水了（都嫌冷），有的病人就讲那女的素质差。可能是她听到了病人的议论还是自己冷了，她又把空调关了。关了之后，刚好我在给一个病人挂水，她趾高气扬地来一句："哎，等你弄好，过来帮我把窗户开开。"我听得气死了，她一副命令的口气，好像是应该的。刚好那会儿很忙，我自然是没理她。我也生气，凭什么帮她开窗户啊，她又不是病人，何况那么傲气。又过了10分钟，她居然很没修养地到我们治疗室来了，冲着我就来了句："你忙好了吗，忙好了还不来开窗户。我到你们医院来还要我亲手开窗户啊！"当时真的很想骂她，想想算了，跟这种没有修养的人计较只能显出我的修养也不高。说实话上班这么多年这种女人还第一次碰到，素质太差了。

　　从小徐的日记中，我们能知道，她的确很生气，可是她没有对那个女人发火，没有愤怒，从而保全了自己的形象。相反，如果面对这样一个素质差的女人，与她"对着干"，或许她能泄一时之气，可事后呢，医院的人会认为小徐的修养不好，品质不好，也给人留下一个"泼妇"形象。

　　有修养的人心胸宽广，自然也就不会因为一点点小事而愤怒，他们会以微笑和包容对待侵犯自己的人。而相反的是，很多人总是以牙还牙，骂得脸红脖子粗，还不肯罢休。其实他们不知道，背后已经有很多人在议论他们了，他们的形象早已荡然无存。

　　可见，愤怒了，随便发泄，损坏人际关系，也伤害自我形象。但如果强控愤怒，对身心健康不利。当自己怒火中烧，或者成为别人发泄愤怒的目标时，怎么办？

　　你要尝试着让自己冷静下来，等你冷静下来后，你要问自己，是什么让你愤怒？找到原因，你就能想办法解决。如果每天让你产生坏情绪的是同样的人或者同样的事，那么，你就能避开很多头疼的问题。

　　生活中令我们生气的事情实在太多了，我们会愤怒，这很正常，但我们不要把这些情绪压抑在心中，因为一味地压抑心中不快，只能暂时解决问题，负面情绪并不会消失，久而久之，就可能填满我们的内心世界，使我们的身心越

上篇 解码情绪，认清人生的方向

来越疲惫。因此，在愤怒时，我们只有先找到怒火之源，并将其彻底消灭，才能避免因不当的发泄给自己和他人带来困扰。

## 学会"冷处理"，让自己降温

日常生活中，人们常常为了一些大大小小的事情生气。生气并不是一种先天性的情绪和行为，而是后天学到的。人们生不生气，可以自己控制。其中就包括降温法——冷处理。

我们先来看下面一个生活场景。

母亲：你先把你的房间收拾干净再吃饭。

儿子：我在写作业呢。

母亲：（不悦）我说了——我要你把房间收拾干净。

儿子：（生气）你别管我。

母亲：（生气）你少跟我这么说话。现在就收拾你的房间——马上！

儿子：（暴怒之下把书扔了过去）我说了，你别待在我房间里！

母亲：（非常生气）你敢冲我扔东西！现在你马上给我收拾，不然等着瞧。

可能很多父母和子女之间都有过这样的对话，双方因为一件小事而最后闹得不可开交。其实，这一场景中，如果母亲说："你现在爱收拾不收拾，反正你得自己收拾。"然后起身离开，恐怕就不会和儿子发生如此激烈的"战争"了。

人们在发生争执时，都想让自己说的话成为最后一句，却看不到事情正变得不可收拾。要管理愤怒首先是对生气的过程进行控制，而不是怎样处理愤怒失控造成的严重后果。如果你能做到让对方说最后一句话，这样就会缓和争执，不至于产生更糟的结果。

所以，面对愤怒，选择冷处理是有利于问题解决的。采取冷处理，意味着要控制愤怒的强度和持续的时间。如果你总想对付那些引发你愤怒的人或事物，那你就无法管理好自己的愤怒。只有采取自我控制，放弃不满和委屈，才能做

到冷处理，管理好愤怒。

那么，具体来说，我们该怎样给情绪降温呢？

### 1. 暂时走开

暂时走开可以使生气的人平静下来，但具有很强的侵略性和好斗个性的人倾向于对任何刺激都作出对抗性反应，而不是摆脱和走开。他们这样的性格必将导致最终的失败。

### 2. 转移自己的注意力

在气头上，人很容易被冲昏了头，而走上情绪的不归路，因此首要之务，就是先为自己的情绪降温。这话说来容易，该怎么做到呢？可以转移自己的注意力。例如："一、这个茶杯是黄色的……二、他穿的毛衣是黑色的……"数十至十二项物体的颜色，之后你会发现自己冷静多了。

另外，如果你因为某件事或某个人而感觉心情烦躁，注意力无法集中，就不要强迫自己做事。这时不妨看电视、听音乐或找些事情做，以转移对烦恼的过度注意。

现代社会，因为不会冷静处理愤怒而导致失败的人比比皆是，而那些会冷静处理愤怒的人永远都能站在事业的顶峰。所以，让我们一起养成冷处理愤怒的好习惯，这必将使我们受用一生。

失去冷静是很容易的，但时时刻刻都能保持冷静却很难。从根本上说，保持冷静就是在愤怒控制住你之前，控制住愤怒，也就是有意识地控制情感进而不是让其随心所欲地发展。

上篇 解码情绪，认清人生的方向

# 第06章
# 选择快乐，好情绪是一种正确的决策力

生活就像一面镜子，你怎样对它，它也怎样对你。你对着它笑面盈盈，它便对你喜笑颜开；你对它闷闷不乐，它便对你唉声叹气。我们的生活快乐与否，取决于我们对待生活的态度；我们的生活能否幸福，取决于我们看待事物的角度。相信普天之下，众生的愿望都是一样的，每个人都希望能够快乐、幸福地度过一生。想要达成这个目标，关键在于我们的心态是否乐观、积极，而这种健康的心态，是需要我们不断努力、有意识地去培养的。

## 随"心"所欲，好情绪跟随你

生活中，我们经常要面临两难的抉择，尤其是在现在这个信息多而乱的社会中，作出正确的抉择更不是一件易事，这就需要我们有出色的判断能力。然而，一些人在作出难以抉择的决定后，却因为害怕失败和失去，而左右迟疑，当断不断，不愿实施，为自己带来很多困扰。那么，你不妨随"心"所欲，把一切都交给自己的心来决定，这样，你便能获得快乐，获得好情绪。

法国哲学家布里丹养了一头小毛驴，每天向附近的农民买一堆草料来喂。这天，送草的农民出于对哲学家的景仰，额外多送了一堆草料，放在旁边。这下子，毛驴站在两堆数量、质量和与它距离完全相同的干草之间，可是为难坏了。

赢在情绪

它虽然享有充分的选择自由，但由于两堆干草价值相等，客观上无法分辨优劣，于是它左看看，右瞅瞅，始终也无法分清究竟选择哪一堆好。于是，这头可怜的毛驴就这样站在原地，一会儿考虑数量，一会儿考虑质量，一会儿分析颜色，一会儿分析新鲜度，犹犹豫豫，来来回回，在无所适从中活活地饿死了。

小毛驴在充足的两堆草料面前，却落得个饿死的下场，真是令人匪夷所思。可见，迟疑不定不仅对人们作出正确行为无丝毫帮助，还会让人们延误时机，甚至酿成苦果。而实际上，除了动物以外，人类似乎也在重复这个幼稚的错误。

那么，我们如何做到随"心"所欲呢？

### 1. 着眼于当下的工作

一群年轻人到处寻找快乐，但是，却遇到许多烦恼、忧愁和痛苦。他们向老师苏格拉底询问，快乐到底在哪里？

苏格拉底说："你们还是先帮我造一条船吧！"

青年们暂时把寻找快乐的事儿放到一边，找来造船的工具，用了七七四十九天，锯倒了一棵又高又大的树；挖空树心，造成了一条独木船。独木船下水了，青年们把老师请上船，一边合力荡桨，一边齐声唱起歌来。苏格拉底问："孩子们，你们快乐吗？"

学生齐声回答："快乐极了！"

苏格拉底道："快乐就是这样，它往往在你忙于做别的事情时突然来访。"

### 2. 承认痛苦的存在

我们强调要追随自己的内心，选择快乐，但这并不代表痛苦不存在。因此，要拥有好情绪，我们就不能过于苛求生活。

人生有烦恼，往往是因为顾虑太多。患得患失的人往往顾此失彼，从此沦入恶性循环。情绪是由心态决定的，有些时候，我们不妨暂时抛弃那些无谓的顾虑，跟随心的脚步。我们内心真正渴求的，其实很简单，很容易满足，关键看我们如何对待。

上篇　解码情绪，认清人生的方向

## 选择快乐，快乐就会选择你

　　红尘滚滚，荆棘丛生，人生的道路曲折而漫长。苦难是生命的常态，烦恼与痛苦相伴，随之而来的是种种困惑。如何面对人生的困惑？毛主席赠柳亚子诗曰："牢骚太盛防断肠，风物长宜放眼量。"意思是说对待困惑，眼睛要看得远，心要想得开，做到不疑不愁不怒，豁达乐观。保持一份好心情，这样才能烟消云散，天高地阔，你就能驾驭生活。

　　著名潜能开发大师迪翁常常用一句话来激励人们进行积极思考："任何一个苦难与问题的背后，都有一个更大的幸福！"这是他的招牌话，他有个可爱的女儿，但一场意外，让这个可爱的小女孩失去了小腿，当迪翁从韩国的演讲会上赶到医院时，他第一次发现自己的口才不见了。女儿察觉到父亲的痛苦，笑着告诉他："爸爸！你不是常说，任何一个苦难与问题的背后，都有一个更大的幸福吗？不要难过呀！这或许就是上帝给我的另一个幸福。"迪翁无奈又激动地说："可是！你的脚……"

　　小女儿非常懂事地说："爸爸放心，脚不行，我还有手可以用呀！"

　　听了这样的话，迪翁虽有几分心酸，可也欣慰不已。

　　两年后，小女孩升入中学了，她入选垒球队，成为该队有史以来最厉害的全垒打王！因为她的腿不能走路，就每天勤练打击，强化肌肉。她很清楚，如果不打全垒打，即使是深远的安打，都不见得可以安全上垒。所以唯一的把握，就是将球猛力击出底线之外！

　　这是一个乐观积极的小女孩，在最艰难的时刻，她留给人们的依然是微笑，因为她相信父亲的那句话——"任何一个苦难与问题的背后，都有一个更大的幸福"。于是，灾难变得不再可怕，而她本人也更有能力面对那场艰难的挑战。

　　乐观就是一粒种子，这粒种子能最终结出人类很多美好的品德之花；它更像一个好朋友，始终对你仁慈，愿意陪你度过人生的风雨征程；它更像尽职尽责的护士呵护着你的耐心，像母亲一样哺育着你的睿智……它是道德和精神最

好的滋补剂。马歇尔·霍尔医生曾对自己的病人说过:"乐观的态度,是你最好的药。"所罗门也曾说:"乐观的心态,就是最强劲的兴奋剂。"

然而,现代社会,很多人感叹自己活得累,没有快乐可言。其实,人生在世,谁都会遇到烦恼,之所以人们的生活状态不同,是因为他们的心态不同,痛苦或快乐,取决于你的内心。面对痛苦,你若不成为强者,就会成为弱者。再重的担子,笑着也是挑,哭着也是挑。再不顺的生活,微笑着撑过去了,就是胜利。

生活的快乐与否,完全取决于个人对人对事物的看法如何。你的态度决定了你一生的高度。你认为自己贫穷,并且无可救药,那么你的一生将会在穷困潦倒中度过;你认为贫穷的生活状态可以改变,你就会变得积极、主动,你就会摆脱贫穷。心态决定人生,也就是这个道理。

总之,面对人生的烦恼与挫折,最重要的是摆正自己的心态,积极面对一切。再苦再累,也要保持微笑。笑一笑,你的人生会更美好。

生活对于每个人都是公平的,不会有人始终一帆风顺,也不会有人整日霉运缠身。每个人的人生,都是一处包罗万象的风景,有坎坷也会有大川,有高山也会有低谷。面对困难,绽开你的笑颜,能够保持良好的心态的人,才能够成为自己人生的主人。

## 面朝积极的方向,准确决策生活

生活中,我们经常听到有些人说,"点头微笑,低头数钞票""和气生财""家和万事兴"之类的经验真谛,这些都充分说明了一个道理:因果联系,只有时时保持一种积极的人生态度才有获取成功的希望。我们只有编辑出一道积极的心理公式,才能得出幸福的结果。因为任何人的一生,都需要我们用心来描绘,无论自己处于多么严酷的境遇之中,心头都不应为悲观的思想所萦绕,应该让自己的心灵变得通达乐观。罗根·史密斯说过这样一段话,言简意赅,

上篇 解码情绪，认清人生的方向

他说："人生应该有两个目标。第一是，得到自己所想的东西；第二是，充分享受它。只有智者才能做到第二步。"

现实生活中，我们难免会遇到一些影响情绪的问题，但只要我们积极面对，相信自己能成功，相信自己能获得快乐，那么，我们就能获得成功，获得快乐。人们常说的心想事成，就是这个道理。

传说，有个勤奋好学的女裁缝，一天去给法官缝补法袍，她不但缝补得很认真仔细，还对法官穿的法袍进行了改装。有人问她其中的原因，她解释说："我要让这件袍子经久耐用，直到我自己作为法官穿上这件袍子。"心想事成，这位裁缝后来果真成了一名法官，穿上了这件袍子。

人的心灵有两个主要部分，就是意识和潜意识。当意识作决定时，潜意识则做好所有的准备。换句话说，意识决定了"做什么"，而潜意识便将"如何做"整理出来。意识就好像冰山浮出水面的一角，而潜意识就是埋藏在水面下很大很深的部分。

所以，要想得到快乐，请记住："每天一早想想你得意的事情，不要将注意力集中在烦恼上。"

那么，我们怎样做才能让积极的心理公式演算出幸福的结果呢？

## 1. 有点阿Q精神

人生在世，我们总会遇到一些令我们不快的事，我们首先要学会心理调节，这是决定人生成败的决定性因素之一，也是人生成败之关键。如果一个人在这一方面迷惑不解，那么，就要借助自己的理智去解决。其中，阿Q精神就可以让我们更好地满足于自我安慰的需要。相反，如果一个人的心态调整不好，那么乐观的人生也会离得很遥远。

## 2. 相信自己能得到幸福

所以说，一个人期望的多，获得的也多；期望的少，获得的也少。如果你有一个乐观积极的心态，不管自己的人生有多大挫折，自始至终都保持一种平和的心态，你就会有幸福的生活。

**赢在情绪**

积极乐观的心态是我们获得幸福生活最重要的帮手。当我们能够笑对一切、充满自信时,一切不顺遂的事都会离我们远去,在通往成功的航行中,我们已然能够看到彼岸。

## 学会用好心情去驾驭生活

什么是快乐呢?字典上对快乐下的定义多半是:觉得满足与幸福。德国哲学家康德则认为:"快乐是我们的需求得到了满足。"的确,快乐是一种美好的状况,也就是没有不好或痛苦的事情存在,你觉得个人及周围的世界都挺不错。然而,与快乐相伴相生的,还有痛苦。快乐与痛苦,是生活中永恒的旋律,谁也不敢保证自己时时刻刻都是幸福和快乐的,我们应看重的不是痛苦几何,欢笑几何,而是心在痛苦和欢笑时的选择。你选择快乐,快乐自然就会选择你。

一个农夫家里有两个水桶,它们一同被吊在井口上。其中一个对另一个说:"你看起来似乎闷闷不乐,有什么不愉快的事吗?"

"唉,"另一个回答,"我常在想,这真是一场徒劳,好没意思。常常是这样,刚刚重新装满,随即又空了下来。"

"啊,原来是这样。"第一个水桶说:"我倒不觉得如此。我一直这样想:我们空空地来,装得满满地回去!"

在现实生活中也是如此,处于同样的环境之中,有人觉得快乐,有人深感不幸;两个人同时望向窗外:一个人看到星星,一个人看到污泥。这代表着两个截然不同的态度。

我们不难发现,那些懂得享受快乐、享受人生的人,都是忙碌的、有活力的、性格外向的人,而他们之所以快乐,是因为他们选择了快乐。可见,选择快乐让我们拥有好情绪,反过来,如果我们选择用一种抑郁的心情去体味人生,那么,我们的一生也就会充满折磨和煎熬。

那么,我们怎样才能获得快乐的情绪呢?

### 1. 只跟自己比，不和别人攀

自打我们记事以来，可能就会被周围的人耳濡目染，开始对所谓的"成就""成功"有了一定的概念，在这种压力下，我们努力学习、努力工作，并且，这种压力随着年龄的增长愈来愈强烈。而一旦自己落后于他人，我们就会变得自卑、伤心，甚至一蹶不振。

所以，要让自己获得快乐，就要重新审视自己，审视自己当初的标准是不是错了？如今有无进展？如果你真的已经尽了力，相信一定会今天比昨天好，明天比今天更好。

### 2. 关心周围的人事物

假如你把目光转移到周围的人事物上，而不是只看到自己的话，那么，我们的眼界一定会开阔很多。那些以自我为中心的人，之所以永远得不到快乐，就是因为他们永远都不知道满足。

那么你应该关心什么？关心谁呢？睁开眼睛想一想，我们虽然平凡，至少可以帮忙学童上下学，为病人念念书，到敬老院打打杂，甚至把四周环境打扫干净……只要付出一点点，你就会快乐。

快乐的心情拥有巨大的能量，能令我们生机盎然，充满了创造力。我们每天都在面对各种各样的事情，选择以一颗积极的心对待，每件事都会变得美好生动，生活也会因此而精彩非凡。

## 肯定自己，自信让你更具能力

有人说，幸福有一扇大门，站在幸福的门口，如果你迟迟不肯作出决定，更不敢站出来，也不表露自己的意愿，最终肯定是"无可奈何花落去""一江春水向东流"，落得个自怨自艾。如果你不勇敢地走出自己设置的心理障碍，

不主动地展示自己，那么你真的很难成功。

成功最需要具备的一个要素就是智慧，然而，智慧从何处来？智慧的来源大致有以下三个方面：一是从你的知识而来；二是从你的经验而来；三是从你的自我反省而来。但无论如何，有智慧的人总是能坚持到底、充满自信，这也是所有成功者的特质。而任何一个成功者，无不是个自主的人，他们走自己的路，不为路上的任何风景分神。

自信是成功的前提，自信就是绝对地相信自己。而在现实生活中，如果你让别人来指出你的缺点，相信你会得到很多教训；而让别人来指出你的优点，相信你也会得到很多赞扬。而如果我们能运用正确的思维方式，不完全相信听到的看到的一切，也不要因为他人的指责、鄙视而轻视自己，产生自卑感，或许就能坚持自己的主见。

一位画家把自己的一幅佳作送到画廊里展出，他别出心裁地放了一支笔，并附言："观赏者如果认为这画有欠佳之处，请在画上作上记号。"结果画面上标满了记号，几乎没有一处不被指责。过了几日，这位画家又画一张同样的画拿去展出，不过这次附言与上次不同，他请观赏者将他们最为欣赏的妙笔都标上记号。当他再取回画时，看到画面又被涂满了记号，原先被指责的地方，却都换上了赞美的标记。

这位画家不受他人的操纵，自信而不自满，善听意见却不被意见所左右，执着但不偏执，表现出了一个自信的人所应有的那种风范。世界上每个人看事情的角度是不一样的，所以绝不要企求得到每一个人的赞扬。画家的事迹，就是很好的说明。如果画家在受到指责之后，沮丧不已，认为自己不行，他可能就此消沉下去，没有信心再继续从事美术创作了。

如果你也要和画家一样自信，排除生活中对我们情绪的干扰，你需要做到以下两点。

### 1. 自我激励

要知道，环境不能真正激励你、别人不能真正激励你，只有你自己才能发现你真正的需要和追求。如果你想让自己的生命精彩，如果你不想虚度此生，

那么唤醒你自己吧!

## 2. 以绝对的自信感染他人

我们的情绪经常会被周围的人和事所牵引,比如,别人给予赞美,我们就信心倍增;而别人一句否定的话,则会让我们自卑。而这就表明,你并未做到真正相信自己,真正相信自己的人,会以强大的精神力量影响别人,获得信任,而绝不是被影响。因此,不管任何时候,都要在心中呐喊对你最重要的那句话:"我一定行!"

真正自信的人,面对困难不断挑战,越挫越勇。他们面带微笑,勇敢而不夸张,拼搏而懂节制。自负可以毁掉一个人的成功道路,自卑也会引发同样的恶果。只有自信的人,才能成为人生的赢家。

# 第07章
# 情绪感染，不被他人的坏情绪传染

在我们的人际交往中，情绪像一种氛围，感染着每一个人；而坏情绪更像是一种"疾病"，彼此之间很容易"传染"。在与他人的交流过程中，我们首先要做到的，是把握好自己的情绪，既要避免自己出现不良情绪影响他人，也要防止自己被他人的不良情绪所传染。如何保持积极心态，避免被不良情绪传染，这是考验我们心智的一项重要内容。只有当我们能够把握好自己的情绪时，才能给别人带去欢乐。一个积极向上、整日沐浴在阳光里的人，是具有巨大人格魅力的人，也是大家都十分欢迎、喜爱的人。

## 做自己，有主见的人更能掌握自己的情绪

生活中，我们都有这样的体会：原本我们心情很好，但被老板训了的同事走进来，怒气冲冲地对所有人说："谁都别惹我，我今天心情不好。"你的心情是不是也跟着陷入了低谷？的确，生活中，我们的情绪无时无刻不受人影响，并影响着别人。

雯雯是个漂亮的女孩，和所有女孩子一样，她爱美，可她的收入却不允许她购买一些高档时装，但这还是阻挡不住她逛街的欲望。这天下班后，她经过一家时装店，就进去看了看。无意中发现营业员好像心情不好，估计是被老板

上篇 解码情绪，认清人生的方向

批评了。雯雯也没在意，就对她说，我想试一下这件衣服。

这个女孩慢腾腾地走过来，一边拿衣服一边慢条斯理地问她："你买吗？"谁都听得出来，这话有轻视的意味。

这句话严重地伤了雯雯的自尊心。她也一下子来气了，冲着女孩说："我买不买你都要给我拿出来。我是顾客，是你的上帝！"雯雯很没礼貌地摔门而出。

雯雯心情坏透了，嘴里还不停地嘟囔。以致在进单元门的时候跟楼下的邻居撞了个满怀，从来不骂人的她居然本能地吐出一句"神经病"。

电梯等了好久还不下来，雯雯的心情糟透了。

这个时候，她的电话响了，是她的一个大学同学在外地给她打来的。这个同学告诉她，自己添了个宝宝。雯雯一听，也高兴坏了，满腔的不愉快突然全部无影无踪。

这里，时装店营业员从她的领导那里接受了愤怒，又把这种坏情绪传染给了雯雯，带着这种情绪，雯雯眼中的世界都充满了敌意，每个人、每件事都好像在跟她作对。而在接到同学的喜讯后，她才又恢复了好心情。

其实，有时候，我们周围发生的事，和我们并无多大关系，不要让别人的言行激起你的负面情绪。比如，当你逛街时，本来心情很好，却看到有人在街上谩骂，你马上就感到他是在骂你，或是认为他不应该这样做，你也跟着掺和进去，跟他对骂，结果，显然心情变得很糟。又比如，你穿了一件漂亮的衣服去上班，有同事看到了不仅没称赞你的衣服漂亮，还说你看起来"更胖"，你的心情马上大打折扣。

因此，我们在生活中，应该懂得自己掌握情绪，既不要让别人的坏情绪影响到自己，也不要让自己的坏情绪影响他人；同时，要把自己快乐、积极的情绪传递给他人。因为每个人都希望自己是快乐的，当你的积极情绪传递给他人的时候，必然会被他人所接受。快乐就是一种积极的情绪，是对工作认真，对生活热爱，对美好情感的相信。

个人情绪的好坏，首先影响的是自己，其次便是周围的人。当我们深陷于不良情绪的困扰时，不仅自己身心受挫、苦不堪言，有时还会影响到他人。因此，

**赢在情绪**

努力提升自己的情绪智慧和心理素质，做到既不影响他人，也不受他人影响，是十分必要的。

## 摒弃他人的有意干扰

生活中，你是否经历过以下场景：下班后，你需要留下来赶点工作，但同时又是你竞争者的同事却一直在给你打电话，约你去喝一杯。你怎么办？你是继续加班还是经不住他的诱惑？如果你选择后者，那么，只能说明你是个容易被他人影响的人。

那么，如何避免这一问题呢？你应该提醒自己的是，他为什么要这样做？他有什么目的？这样一想，你就能分析出利弊得失，也自然能经受住他人的影响。

的确，人世间有太多会扰乱我们心绪的因素，对此，我们要懂得调节，才能避免他人的有意干扰。为此，我们需要注意以下几点。

第一，静下心来。要学会独处，然后去思考，把自己的心放空，这样，你每天都会以全新的心态和精神面貌去生活、工作。同时，你需要降低对事物的欲望，淡然一点，你会获得更多的机会。

第二，学会关爱自己，爱自己才能爱他人。多帮助他人，善待自己，也是让自己宁静下来的一种方式。

第三，心情烦躁时，多做一些安静的事，比如，喝一杯白开水，放一曲舒缓的轻音乐，闭眼，回味身边的人与事，对新的未来可以慢慢地梳理，既是一种休息，也是一种冷静的思考。

第四，和自己比较，不和别人争。你没有必要嫉妒别人，也没必要羡慕别人。你要相信，只要你去做，你也可以的。为自己的每一次进步而开心。

第五，不论在任何条件下，自己不能看不起自己。

第六，不要怕工作中的缺点和失误。成就总是在经历风险和失误的自然过程中才获得的。懂得这一事实，不仅能确保你自己的心理平衡，而且还能使你自己更快地向成功的目标挺进。

第七，不要对他人抱有过高期望。百般挑剔，希望别人的语言和行动都要符合自己的心愿，投自己所好，这是不可能的，那只会自寻烦恼。

第八，学会忍耐，用自己的智慧改变现有的状态。你需要把目光放长远一些，多一些忍耐，忍耐别人的讥讽；多一些忍耐，忍耐身体的疲惫；多一些忍耐，忍耐成功前较少的收获。需要忍耐的太多，但是能够看到成功的到来，任何忍耐都是值得的。

总之，每天保持一份乐观的心态。如果遇到烦心事，要学会哄自己开心，让自己坚强自信，只有保持良好的心态，才能让自己心情愉快！

我们身处于这个纷繁复杂的社会，难免受到某些人各种各样的干扰。这个时候，我们需要做的就是冷静判断，然后果断回避。这并不是逃避、软弱、不近人情的表现，而是一种自信、有主见的行为。当我们能够做到远离干扰、坚持做正确的自己时，便已经成功了一半。

## 体会对方的心情，但不被左右

美国夏威夷大学的心理学系教授埃莱妮·哈特菲尔德及她的同事经过研究发现，包括喜怒哀乐在内的所有情绪都可以在极短的时间内从一个人身上"感染"给另一个人，这种感染力速度之快甚至超过一眨眼的工夫，而当事人也许并未察觉到这种情绪的蔓延。我们会有这样的体会：如果哪一段时间，你的领导心情不错，你的同事们都会被感染，大家的默契程度会提高，做起工作来也更得心应手；如果哪一天，领导情绪低落，则大家都不敢说话，工作积极性不高，工作效率也受到情绪的影响。当然，情绪的传染不仅仅在上下级之间这样明显，实际上，关系越密切、越熟悉的人之间，情绪的感染就会越明显。

**赢在情绪**

生活中，当我们的亲人、朋友、同事情绪低落时，我们难免也会有所触动，并希望自己能安慰对方。但无论如何，我们都不要被对方的消极情绪感染。

以前，一个在日本学习武功的美国人在地铁里遇见一位滋事挑衅的醉汉，车厢中的乘客都敢怒不敢言。他见醉汉实在太过分，准备好好教训一下这个家伙。醉汉见后，立即朝他吼道："哟呵！一个外国佬，今天就叫你见识见识日本空手道！"说罢，摩拳擦掌地准备出击。

这时，一位和蔼的日本老人朝醉汉招了招手。醉汉骂骂咧咧地过去了。

"你喝的是什么酒？"老人含笑问道。

"我喝清酒，关你什么事？"醉汉依旧气势汹汹。

"太好了，"老人愉快地说，"我也喜欢这种酒。每到傍晚，我和太太喜欢温一小碗清酒，坐在木板凳上细细品尝。这样的日子真是叫人留恋。"接着，老人问他："你也应该有一位温婉动人的妻子吧！"

"不，她过世了……"醉汉声音哽咽，开始说起他的悲伤故事。过了一会儿，只见醉汉斜倚在椅子上，头几乎埋进老人怀里。

这里，我们发现，这位老人很善于安慰他人，面对气势汹汹的醉汉，他能以体贴的心情，让醉汉掏出心窝子话。

生活中，可能也有很多人和故事中的老人一样善良，但又有多少人能做到在安慰他人的时候，不被对方的坏情绪感染呢？

要做到这点，我们需要先做到以下几方面。

### 1. 完善自己的个性

人的个性里，有很多消极因素，比如自私、骄傲、爱面子等，都容易形成一些负面情绪。心理学的研究显示，那些心直口快、心里藏不住秘密的人更容易把自己的情绪感染给他人，因为他们表达情绪的能力更强，另外，内心较为脆弱的人则更容易接收他人的情绪。因此，我们若想不被他人负面情绪左右，就要首先完善自己的个性，当你变得宽容、大度、善良的时候，自然会心胸开阔起来。

### 2. 有足够的爱心和耐心

任何负面的消极情绪，一旦遇到了爱，就如冰雪遇到了阳光，很容易就消融了。如果你想体会对方的心情，就要学会用爱心和耐心去关怀对方，让对方对你打开心扉。

世上没有无缘无故的坏心情，当我们遇到满面愁容或是怒容的人时，应该学会体谅和包容，用一定的技巧与之沟通，同时也要避免被他人的不良情绪裹挟，受到传染。

## 平衡心态，始终有稳定的情绪

人们常说："人都是情绪化的动物。"我们不可能毫无情绪地生活，但我们可以调整自己的心态，让自己的情绪稳定下来。这样，无论得失，我们都能以坦然的心面对，要知道，大喜大悲不是我们应有的心态。

麦当娜是流行乐坛几十年的大姐大，可谓久经沙场，但在她47岁生日那天乐极生悲。

麦当娜的骑术非常好。因为自从结婚后，她开始迷上了乡村生活中的骑术，并一直都在学习。麦当娜的骑马教练理查德·特纳认为：麦当娜是个非常棒的骑手，身手非常灵活和矫健。因此，在得知麦当娜发生这样的事故后，很是惊讶，原来事情是这样的。

在她47岁生日那天，她的老公盖伊·瑞奇送给她一匹马作为生日礼物。她高兴极了，于是立即跃身上马，准备在老公和孩子们面前一展她的骑士风采。而实际上，麦当娜对当天所骑的那匹马的性情一点也不熟悉，骑术本来还可以的麦当娜根本无法驾驭这烈性的畜生，最终从马上摔了下来，造成锁骨和三根肋骨骨折，以及一只手受伤的严重后果，不得不送进医院进行治疗。

麦当娜从马上摔下受伤，就是她乐极生悲的结果。古人言："乐不可及，

乐极生悲；欲不可纵，纵欲成灾。"这是妇孺皆知的道理，麦当娜也明白这个道理，但她却在生日当天头脑发热，化喜为悲。

科学研究表明，"入静状态"能使那些由于过度紧张、兴奋引起的脑细胞机能紊乱得以恢复正常。你若处于惊慌失措、心烦意乱的状态就别指望能理性地思考问题，因为任何恐慌都会使歪曲的事实和虚构想象乘虚而入，使你无法根据情况作出正确判断。以下几点是告诉你如何保持情绪稳定以便迅速进入"入静状态"的方法。

1. 放松肌肉，做一切可使你轻松愉快的事。当你平静下来，再看不幸和烦恼时，你也许会觉得它实际上并没有什么大不了的。

2. 驱除你忧伤与烦恼的所有言行，保持你在遭受不幸和烦恼前的生活、学习和工作秩序。要记住：你的感觉和想象并不是事实的全部，实际情形往往要比你想象得好很多。

3. 人所陷入的困境往往来源于自身，因此，对自己和现实要有一个全面正确的认识。这是突变面前保持情绪稳定的前提之一。

4. 当你被暴力、恐惧、嫉妒、怨恨等失常情绪包围时，不仅要压制它们，更重要的是千万不能感情用事，随意作出什么决定。

5. 当你处于困境时，要多想想别人，别人能渡过难关，自己为什么不能调动潜能去应付突变呢？

"不以物喜，不以己悲"，不仅是一种胸怀和涵养，更是一种智慧。人生在世，我们时而欢乐，时而忧愁，只有不断调整自己的心态，使情绪保持稳定，才能拥有一个时刻冷静的头脑。

## 学会把好心情传染给别人

感染，词典中一解是"受到感染"，另一说是"通过语言或行为引起别人相同的思想感情"。情绪的感染总会在经意和不经意中影响着人的生活。人生

上篇 解码情绪,认清人生的方向

坎坷,不会总是一帆风顺,生活中有太多太多的不如意,不如意的事会或多或少地感染着每一个人,让人无法回避。坏情绪总是在有意无意中影响着他人的生活,那么,我们何不反过来想一下,当他人情绪不好的时候,我们是否也可以通过传达自己的好情绪的方法,让他人快乐起来呢?

当年孙中山先生在中山大学发表演讲。听讲的人多,通风不够,空气不好,所以有些人精神较差,显得比较疲倦。孙中山先生看到这种情况,为了提起听众的精神,改善一下场内的气氛,于是巧妙地讲了一个故事。

小时候在香港读书,见过有一个搬运工人买了一张马票,因为没有地方可藏,便藏在时刻不离手的竹竿里,牢记马票的号码。后来马票开奖了,中头奖的正是他。他便欣喜若狂地把竹竿抛到大海里去,因为他以为从今以后就不再靠这支竹竿生活了。直到问及领奖手续,知道要凭票到指定银行取款,这才想起马票放在竹竿里,便拼命跑到海边去,可是竹竿连影子也没有了。

讲完这个故事,听众当中议论纷纷,笑声、叹息声四起,结果会场的气氛活跃了,听众的精神振奋了。于是孙中山先生抓住时机,紧接着说,"对于我和大家,民族主义这根竹竿,千万不要丢啊!"很自然地又回到原有话题的轨道上。

故事中,孙中山就很善于调动听众情绪,当大家昏昏欲睡时,他通过一个巧妙的故事,将大家的关注点重新带到他要演讲的问题——民族主义上。

的确,当我们遇到别人处于坏情绪时,我们需要做的不是与他动粗,"以暴制暴",而是用健康的情绪去感染他,转移他的注意力,引导他产生愉快的心情。实验表明,人们在相互交流接触时,情绪会通过手势、语言、眼神等方式传递给他人。我们如果能安抚别人的情绪,将自己的快乐传播给他人,将是一件很有意义的事情。

那么,我们该如何把好情绪传染给他人呢?

### 1. 先体谅他人的情绪

要感染他人,首先就要理解他人。比如,他人对你不友好,或许他原本无心,只是刚刚遇到了不顺心的事,当时正在气头上,而我们无意中做了他的"出

**赢在情绪**

气筒"。对这样的情形，我们不必往心里去，尽量宽容为怀，体谅他人。只有树立正确的态度，我们才可能有意愿去帮助他人摆脱负面情绪。

### 2. 表达你的热情

我们不要指望冷漠的态度会起到感染他人的作用。热情与快乐是一对连体婴儿。对方在感受到你的热情时，自然也就对你敞开了心扉，也会逐渐接受你传达给他的情绪。

### 3. 幽默

幽默是一种特殊的情绪表现，也是人们适应环境的工具。具有幽默感，可使人们对生活保持积极乐观的态度。许多看似烦恼的事物，用幽默的方法对付，往往可以使人们的不愉快情绪荡然无存，立即变得轻松起来。

没有人真的喜欢当垃圾桶，也没有人会喜欢整日满脸阴霾的人。当今社会，每个人的压力都很大，我们又凭什么让别人被我们的不良情绪传染呢？换上一张微笑的脸，当我们用自己的快乐使周围的人也都开心起来时，我们自己的生活也会更加灿烂夺目。

上篇 解码情绪，认清人生的方向

# 第08章
# 自我暗示，给予自己情绪的正面能量

在被负面情绪困扰时，我们可以通过自我控制和调节、转移注意力与适度释放等方式来缓解情绪，赶走消极心态。除此之外，我们还可以通过自我暗示，来保持积极的精神状态。坚持进行自我暗示的训练，对于我们的心智的完善与情绪掌控力的提升，有着极大的帮助。在自我暗示的影响下，我们所进行的自我激励，促使我们不断自我改进、自我完善，精神得以升华，人生也因此而飞跃。

## 矫正坏心情需要自我暗示

生活中，人们的心情总是会因为周围发生的事而受到影响，当遇到不幸或者不快的事情时，心情还会因此低落。但无论遇到什么，我们都要反复暗示自己，不要被低落的情绪控制。那些成功者之所以成功，就是因为他们做到了这点。因为决定人生成败的是态度，积极乐观的人可以在任何时候都快乐，无论道路多么崎岖都会毅然向前走；消极悲观的人总是触景伤情，甚至感觉活着是那么艰难，是一种罪。所以，不管你身处何种地步，一定要保持正面情绪（积极、乐观、不抱怨），你就会变得成熟、自信。

然而，生活中，许多人一陷入困境，就变得消极、悲观，甚至一蹶不振。其实，并不是困难打败了我们，而是我们自己打败了自己。其实，我们应反复

暗示自己，困境是另一种希望的开始，它往往预示着明天的好运气。因此，你只要放松自己，告诉自己希望是无所不在的，再大的困难也会变得渺小。这样，你就能挣脱低落情绪了。

美国亿万富翁、工业家卡耐基说过："一个对自己的内心有完全支配能力的人，对他自己有权获得的任何其他东西也会有支配能力。"当我们开始运用积极的心态并把自己看成成功者时，我们就开始成功了。

那么，我们该如何暗示自己摆脱低落情绪呢？

### 1. 摒除那些消极的习惯用语

这些消极的习惯用语一般有：

"我好无助！"

"我该怎么办？"

"我真累坏了。"

……

相反，我们可以这样说来激励自己：

"忙了一天，现在心情真轻松。"

"上帝，考验我吧！"

"我要先把自己家里弄好。"

"我就不信我战胜不了你！"

### 2. 有意接收积极信息

每天早上，当你起床后，就要接触那些积极的信息，如果可能的话，和一位积极心态者共进早餐或午餐。不要去看早上的电视新闻。你只要浏览一下当天报纸上的几条重要新闻即可，足以让你了解当今世界的重大新闻。你可以多关心一些与你的工作和生活有关的当地新闻，而对于那些惨案类的新闻，你要管住自己的眼睛，不要在早上就去阅读它们。在开车或者坐车去上班的路途中，你最好也可以听一些愉快的音乐……而晚上，你不要花大量时间去玩网络游戏、看电视等，你应该多陪陪你的爱人和孩子，向他们讲讲当天的趣事。

当你情绪低落时，你可以放下手中的工作和烦琐的生活，去你所在城市的医院、养老院、孤儿院看看，这样，你会发现，比你不幸的人太多了。如果情绪仍不能平静，就积极地去和这些人接触；和孩子们一起散步游戏，把自己的情绪，转移到帮助别人身上，并重建自己的信心。通常只要改变环境，就能改变自己的心态和感情。

每个人都有情绪低落的时候，许多悲观的人就此一蹶不振，而乐观者则能够及时调整好自己的心态，以乐观向上的精神面貌迎接各种挑战。一个乐观而又脚踏实地的人，必定能够成为一个出类拔萃的成功者。

## 鼓励自己，"歼灭"消极心态

在人生道路上，困难和挫折是难免的，人生起起落落也无法预料，但是有一点我们一定要牢牢记住：积极乐观、永不绝望。当我们遇到逆境或者不顺心的事时，千万不要忧郁沮丧，要鼓励自己，歼灭消极心态，而不要让痛苦占据你的心灵。

古希腊神话中有一个西齐弗的故事很能说明这个问题。西齐弗因触犯了天庭之法，被惩罚到人间受苦。他每天必须推一块石头上山。当他将石头推上山顶回家休息时，石头又自动地滚下来，于是西齐弗第二天又得去推。这是天神想让他在"永无止境的失败"中遭受惩罚，以此来折磨他的心灵。

可是，西齐弗偏偏不吃这一套。他不认为这就是受苦受难的命运安排。他一心想，推石头上山是我的责任；至于石头滚下来，不是我的失败。因此，心中始终平静如常，从不丧失信心，始终不放弃自己的职责，每天都满怀希望。天神见折磨西齐弗心灵的企图无法奏效，只好放他回了天庭。

用这个故事对照现实生活，我们可以得到有益的启示："人必自助而后天助。"若连自己都不愿帮助自己，还会有谁帮助你呢？只要始终自我激励，相信自己是能行的，永不放弃追求，那么我们就是命运的主人。因此，当我们受

挫时，一定要告诉自己："摔倒了还要漂亮地爬起来。"

可能很多人会产生疑问，如何才能具备积极的心态呢？其实，这完全在于我们自身的选择。当坏心情降临时，你可以用某些哲理或某些名言安慰自己，鼓励自己同痛苦、逆境作斗争。自娱自乐，会使你的情绪好转。

比如，当你遇到了困难，正想放弃时，你可以告诉自己："我是最棒的，我一定能重新站起来。""别发火，发火会伤身体。"

另外，语言也是激励自己最好的工具，语言是影响情绪的强有力工具。如你悲伤时，朗诵滑稽的语句，可以消除悲伤。

总之，无论我们遇到什么事，都不要让消极心态有机可乘，要拒绝受控。一旦看到被消极心态袭击时，得马上自我保护，提醒自己它只不过是借软弱打倒理性的纯粹思维惯性而已，你便能歼灭那些消极心态了。

生活中，当我们因为压力而疲惫、因为挫败而苦恼时，当我们的情绪跌落到低谷时，消极心态就会趁虚而入。这个时候，我们要做的不是逃避、拒绝消极心态的来临，而是坦然接受，并及时调节自己的情绪，不断自我激励，依靠积极的力量，赶走自己不健康的心理状态。

## 反复暗示自己挣脱低落情绪

生活中，有些人常常会莫名其妙出现坏情绪，其实，他们可能并不是受到什么样的打击，也不是他们正在受什么样的折磨。恰恰相反，也许他们正处在人生的高峰期，不管是生活还是工作都让周围的人羡慕不已。也许在人们看来，他们应该每天都春风满面，而实际上并不是如此，他们似乎也有很多烦心事，心情也会受到影响。据心理学家研究表明，这类人心情不好的主要原因并不是来自生活，而是来自自己的心态，这种心态是消极的，像一把大伞遮住了人们的心灵。因此人们的心理就会觉得憋闷，心情自然不会好到哪里去。

上篇 解码情绪，认清人生的方向

曾经有个人怀疑自己得了癌症，吓得要死，每天食不知味，夜不能寐，焦躁不安，好像自己真的得了癌症一样。不到十天，体重就减了十几斤。后来去医院确诊，排除了癌症的可能，才知道是自己吓自己，身体也慢慢恢复了。

相反，另外一个人，他已经被医院确诊为结肠癌，但他好像完全没这回事似的，家人为他担心，他反倒劝慰家人，说人活一百岁也是一死，生死没什么。接下来，他开始和癌症打起了仗，他坚信"两军相遇勇者胜"，于是不断地进行自我暗示："我肯定能战胜病魔，我肯定能好起来。"吃药时他念叨："这药很好，吃了一定有效果。"走路时想着："生命在于运动。"……这样长期坚持自我心理暗示，渐渐地这种暗示对身心产生了良好的作用，十多年来不但病情稳定，而且症状消失，自己对身体的康复越来越充满信心。

美国新奥尔良的奥施德纳诊所做过统计，发现在连续求诊而入院的病人中，因情绪不好而致病者占76%。这就告诉我们：情主沉浮，凡事往好的方面想，自然能战胜疾病。

生活中，无论我们遇到什么事，要想保持好心情，就要做到积极地自我暗示。所谓"自我暗示"，从心理学角度讲，就是个人通过语言、形象、想象等方式，对自身施加影响的心理过程。这种自我暗示，常常会于不知不觉之中对自己的意志，以至生理状态产生影响。

自我暗示的方法有很多，你可以默念，也可以在心里暗示，而且大声说出来，甚至可以在纸上写下来，更可以歌唱或吟诵。但无论采取什么方法，都需要我们坚持，如果你能每天进行十来分钟的练习，那么，就能消除你十多年来的消极思想习惯。自然，我们越经常性地意识到我们正在告诉自己的一切，选择积极、乐观的语言和概念，我们就越能够容易地创造出一个积极的现实。

人们的行动受着潜意识的指示，而潜意识往往受到自我暗示的影响。在自我暗示的强大作用下，人们的行为、心理乃至生理，都会不自觉地朝向自我暗示所指示的方向活动、发展。也正因为如此，坚持进行积极自我暗示的训练，具有极为深远的意义。

赢在情绪

## 远离抱怨，多去感恩

生活中，我们总能发现一些对抱怨乐此不疲的人，他们抱怨生活太艰辛、工作压力太大、房子太小、父母太唠叨等。其实，我们之所以经常抱怨，是因为我们缺乏感恩之心。其实，我们遇到的无论是顺境还是逆境，都能磨炼一个人的心智。相反，抱怨除了让我们生闷气外，毫无益处。既然会这样，那又何必呢？

有一块石头被刻成了神像，抬到庙里去供奉，受到人们的跪拜。后来，人们把庙宇改成了别的用场，这个神像也就用来垫墙脚了。

"我真不幸，怎么会碰上这么倒霉的事！"石像抱怨着，"让我来垫墙角，真是大才小用！"

而另一块垫墙脚的石头却说："我很感激能有这样一个位置。要知道，能够踏踏实实地做一些对人们有益的事，比起做一个高高在上、光摆架子，却没有一点用场的偶像来，要有意义得多！"

从这个寓言故事中，我们可以得出启示，只有心怀感恩的人，才能视万物皆为恩赐；也只有当我们心中充满了感恩之情时，压力才会变得不再是压力，世界也才会变得美好无比。而此时无论是怎样的困难，我们都可以满怀激情地去面对。

的确，当一个人受到了不公正的待遇时，自然会感到委屈，也就会产生抱怨的情绪，这再正常不过了，适度的抱怨也是一种舒缓内心不满的方法。但如果我们开始变得怨天尤人，把周围的每个人都当成我们抱怨的对象时，你是否想过，其实，真的问题在自己身上？

许多人之所以不能获得成功，原因就在于抱怨。因为他们总是从外界找原因，而不是从自己身上找原因，不管他们的学历有多高或者能力有多强，终究不能赢得领导的重用和信任。

也许我们拥有的工作不是自己所喜欢的，也许我们辛苦劳作却得不到应有

上篇　解码情绪，认清人生的方向

的报酬，也许我们的工作环境不够尽善尽美，也许有太多不如意的事情发生，但是当一个人拥有一颗感恩的心，就不会终日抱怨他人、牢骚满腹，因为抱怨不会解决问题，只会伤害到自己和别人。

因此，少一些抱怨，多一些感恩吧！不要认为自己很辛苦，其实，你的家人也一样！不要认为你的工作比别人多，正是因为你付出得多，才有证明自己能力的机会，才会遇到比别人更多的机遇！

抱怨≠合理宣泄，它不能缓解我们的负面情绪，只会令我们对生活更加失去兴趣和耐心。面对种种压力，当我们选择以感恩的心去看待时，世界也因此而不同。"不要抱怨玫瑰有刺，要为荆棘中有玫瑰感恩。"这句话所蕴含的哲理，值得我们每个人去感悟。

## 行动起来，唤醒自身能量

有人说世界上的人分别属于两种类型。一种是"积极主动"的人，另一种是"消极被动"的人，前者一生积极向上，不断努力做事，绝不拖延，不达目的誓不罢休，因此他们成功了；而后者，他们总是给自己找借口，直到最后他证明这件事"不应该做""没有能力去做"或"已经来不及了"为止，因此他们失败了，而最终，他们也是庸庸碌碌过完一生。

每天都有几千人把自己辛苦得来的新构想取消或埋葬掉，因为他们不敢执行。过了一段时间以后，这些构想又会回来折磨他们。因此，若想成功，就摆脱那些消极情绪并立即行动吧！

华罗庚是我国著名的数学家。在华罗庚小的时候，他并不聪明，学习成绩也很不好。正因为如此，他在小学毕业时，只拿到一张修业证书，而不是毕业证书。进入中学后，他的数学成绩还是很差，通过补考，才勉强及格。

那时候，很多同学都笑话他，甚至说他是个"笨蛋""废物"，而这并没有让华罗庚自卑，相反，他暗暗下定决心：一定要把数学成绩提高上去，他也

**赢在情绪**

相信自己能做到。他的自信产生了巨大的力量。他知道自己比别人笨，就用笨鸟先飞的方法，别人学习一个小时，他就学习两个小时。

一个人若要获得成功，若要活出精彩的人生，首先要战胜自己，战胜怯弱，摒除消极情绪，积极行动起来！

对此，我们需要做到以下几点。

### 1. 建立良好的心境和情绪

虽然我们不得不承认，我们与他人在很多方面的差距是与生俱来的，比如长相、身材、家境等，但是，通过后天的努力，我们依然可以改变很多，比如个人能力和阅历。生活中，一些人面对与他人的差距，会怨天尤人，但抱怨并不能改变这种差距。而要缩小这种差距，甚至超越他人，就必须挖掘自己内心的力量——自信，设置与把握正确的人生目标，以及运用这些能量向着我们所设定的目标努力，并采取一些具体的行为。而也只有这样，才能达到一种心理平衡。但这不仅仅是一种心理平衡，在富有耐心而坚毅的努力过程中，我们将逐渐显示自己的优势，超过别人，超过那些我们以前自以为不如他的那些人。

### 2. 真正执行你的创意，让其发挥价值

你的创意再好，如果只是停留在"想"的阶段，那么，你永远都不会看到成果。

可能天下最无奈的一句话就是：我当时真该大胆地去做。我们生活的周围，也经常有人感叹："如果我在那时开始那笔生意，早就发财了！"或："我早就料到了，我好后悔当时没有做！"一个好的创意，如果只是想想而已而没有被执行的话，真的会叫人叹息不已，感到遗憾；如果真的彻底施行，当然也会带来无限的满足。

当仰望着金字塔尖的成功者时，多少人在事后、甚至是在人生终了前，才开始悔恨自己败在"从未行动""不敢行动"上。成功永远不会眷顾那些行动上的矮子，上苍也不会呵护那些只敢做白日梦的空想家。成功需要良好的心态，更需要我们付出实际的行动。

上篇 解码情绪，认清人生的方向

# 第09章
# 情绪芬芳，借助外物去修复心情

人生就像一场漫长遥远而又跌宕起伏的旅行，当困难来临，当心情晦涩，当我们很难只用语言和暗示来帮助自己走出阴霾时，不妨转移一下注意力，试着借助外物来转换心情。情绪低落的我们，可以尝试换一件舒适而美观的衣服，去一个优雅而轻松的环境中，或是去品尝一直向往的美食，邀上三五好友放喉高歌一场，抑或去看场电影、打场球……诸如此类的办法还有很多，当我们沉浸在这些活动给我们带来的惬意中时，坏情绪已悄然远走。

## 运用色彩让心境变开阔

生活中，我们每天都会接触很多色彩，这些色彩或明亮、或晦暗，世界万物因拥有各种色彩而变得缤纷绚丽，画家们也一直在用他们自己对色彩的理解来诠释这个世界，而现实生活中，色彩也在有意无意影响着人们的情绪。

在英国伦敦，有座著名的菲里埃大桥，这座大桥的桥身是黑色的。说来奇怪，自从这座大桥建成后，每年都有很多人在这里跳水自尽。后来，由于自杀的人的数量惊人，这一现象引起了伦敦皇家科学院的科研人员的重视，他们开始着手追查原因。当科学院的医学专家普里森博士提出这与桥身是黑色有关时，不少人还将他的提议当作笑料来议论。

**赢在情绪**

在连续三年都没找出好办法的无奈情况下，英国政府接受建议，试着将黑色的桥身换掉。这下奇迹竟发生了：桥身自从改为蓝色后，跳桥自杀的人数当年减少了 56.4%，普里森为此而声誉大增。

这里，我们不难发现，黑色的桥身是造成那些自杀者心情更加抑郁的原因，可见，色彩对人们的心理活动有着重要影响。

近期，有英国、芬兰的科学家研究认为：色彩确实会对人的情绪产生重要影响，它们是通过刺激人的感官、神经，进而产生心理作用的。现代社会，很多人已经认识到了这一点，并且有意地营造出让自己心情愉快的心情空间。

颜色之所以能影响人的精神状态和心绪，在于颜色源于大自然的先天的色彩，蓝色的天空、鲜红的血液、金色的太阳……看到这些与大自然先天的色彩一样的颜色，自然就会联想到与这些自然物相关的感觉体验，这是最原始的影响。这也可能是不同地域、不同国度和民族、不同性格的人对一些颜色具有共同感觉体验的原因。

每个人对色彩都有自己的偏爱，但心情不好时，我们最好要善用色彩。

### 1. 红色

颜色鲜艳强烈，刺激和兴奋神经系统，增加肾上腺分泌和增强血液循环。这是一种较具刺激性的颜色，给人以大胆、强烈的情感，使人情绪奔放，产生热烈、活泼的情绪。但过久凝视大红色，会影响视力，易产生头晕目眩之感，心脑血管病患者一般应避免红色。卧室和书房也要避免过多地运用红色。

### 2. 绿色

与红色相反，绿色则可以提高人的听觉感受性，有利于思考的集中，提高工作效率，消除疲劳。还会使人减慢呼吸，降低血压，但是在精神病院里单调的颜色，特别是深绿色，容易引起精神病人的幻觉和妄想。

### 3. 蓝色

蓝色很容易使人想到蔚蓝的大海、晴朗的蓝天，是一种令人产生遐想的色

彩，具有调节神经、镇静安神、缓解紧张情绪的作用。蓝色的灯光在治疗失眠、降低血压中有明显作用，还能减少噪声对城市居民的情绪干扰。虽然蓝色的环境让人感到幽雅宁静，但抑郁症患者过多接触蓝色，会加重病情。

### 4. 白色

白色对易动怒的人可起调节作用，有助于保持血压正常。孤独症、抑郁症患者不宜在白色环境中久住。

### 5. 粉红色

粉红色是温柔的最佳诠释。这种红与白混合的色彩，非常明朗而亮丽，粉红色意味着"似水柔情"。经实验，让发怒的人观看粉红色，情绪会很快冷静下来，因粉红色能使人的肾上腺激素分泌减少，从而使情绪趋于稳定。孤独症、精神压抑者不妨经常接触粉红色。

### 6. 紫色

紫色给人的感觉似乎是沉静的、脆弱纤细的，总给人无限浪漫的联想，追求时尚的人最推崇紫色。但大面积的紫色会使空间整体色调变深，从而产生压抑感。

人的第一感觉就是视觉，而对视觉影响最大的则是色彩。人的行为之所以受到色彩的影响，是因人的行为很多时候容易受情绪的支配。因此，我们同样可以通过色彩调节心情。

## 穿出你的好心情

生活中，我们发现，很多女人包括一些男人，他们在心情不好时，会选择购物，尤其是购买服饰来抚平不快，当他们穿上舒服、美丽的衣服，戴上极富个性的服饰时，他们的心情也会随即好起来。可见，服饰是帮助人们修复心情

的良药之一。

英国著名心理学家宾尼博士通过5年多的专题调查研究，最近披露了他的研究结果：人的衣着和人的情绪是密切相关的，也就是说，衣着可以左右和调节人的情绪。美国著名心理学家杰克·布朗也称：适当地选择衣服，有改善情绪的功效。并根据有关"试验"和跟踪调查的结果，证实了其理论是正确的。他们认为，称心的衣着可松弛神经，给人一种舒适的感受。

对此，我们可以注意以下几点。

### 1. 不穿易皱的麻质衣服

当你这段时间情绪欠佳时，最好不要穿着发皱或容易起褶皱的衣服，因为这种衣服会有一种使自己局促不安的感觉，这样一来，会加重压抑的感觉。

### 2. 不穿硬质衣料衣服

硬质衣料衣服会让你感到僵硬和不快。此时最好是穿质地柔软如针织、棉布、羊毛等衣料做的服装。

### 3. 不要穿过分紧身而狭窄的衣服

在衣服的款式方面，不要穿过分紧身而狭窄的衣服，如果太狭窄了，会造成压迫感。对于女性来说，一定要避免穿窄裙、连裤袜和束腰的服装，尤其不要穿紧身牛仔装，否则会加重情绪上的压抑感。而穿宽松的服装会令你呼吸轻松、血液循环畅通，不良情绪得到缓解。

### 4. 不系领带

男性在情绪不佳时最好不要系领带，这样能多少减轻一些受束缚的感觉。

### 5. 穿合适的衣服

把平时自认为好看的衣服穿在身上，浑身会有一种说不出的愉悦感，郁郁寡欢的心情随之消失。

上篇 解码情绪，认清人生的方向

如果是穿了一件已经穿了很长时间的漂亮衣服，还会使人回忆起某一特定时空中的感受，很可能会让人深深地沉浸在缅怀美好的过去和眷恋以往愉快的生活中。

顺眼的衣服会让人自我感觉良好，重新鼓起面对现实的信心和勇气。

### 6. 穿色彩明亮的衣服

衣服的色彩也从很大程度上影响着人的情绪，也要注意适当的协调和搭配。当感到心情不愉快时，男性可以穿一件色彩明快的衣服，如浅蓝色，用以冲淡一些心理的暗沉感觉，而女性这时可选择红色、玫瑰色、黄色和绿色等悦目的衣服来调节自己的情绪。

黄色给人温暖的感觉；蓝色让人摆脱烦躁的情绪，安静下来，遐想广阔的大海，心情也会像海一样宽广。而一身橙色的运动服，让人顿时阳光十足，充满活力。

总之，要明白，舒适而又令人舒心的衣服，富蕴着一种特有的人情味，它以美好的思念和愉快的联想，逐渐抚平人们心头不快的皱褶。

适当地选择穿着衣服，具有改善情绪的特殊功效。当一个人感到精神紧张，过度疲劳时，不妨改穿一件称心的衣服。

### 7. 好气味帮你修复心情

我们的生活中处处充满着气味，你想了解这些气味与情绪之间的关系吗？研究表明，气味对人情绪的影响远远超出人们的估量。

据俄罗斯《观点报》日前报道，研究人员发现，如果一个人毫不隐晦地说对方身上的味道令自己难以忍受，那么，或许真的是对方本味在作祟。

另外，据美国西北大学的研究人员说，两个人初次见面时，双方的嗅觉都会比平时更加灵敏，他们会在无意识中捕捉和分析来自对方的最轻微的味道，这在很大程度上左右着第一印象。

科研人员认为：气味对情绪与记忆等的影响，是因为处理气味的嗅觉中枢与大脑的情绪和记忆区有密切联系。当吸入不同气味的物质时，通过神经传到嗅觉中枢，从而影响嗅觉和大脑的情绪记忆区，产生情绪和记忆的变化。

的确,除了食物可以改变人的心情外,气味也可以改变一个人的心情。因此,我们在心情不佳时,不妨让自己置身于香味布置的"迷魂阵"中。

玫瑰香:在恋爱中选用,能增加心情的喜悦。

水仙与莲花的幽香:令人产生脉脉温情。

紫罗兰和玫瑰香气:给人以爽朗、愉快的感觉。

苹果气味:可以缓解人的狂躁心情。

海水气味:容易引起人们对童年的回忆,对焦虑情绪有缓解作用。

玫瑰、茉莉、辣椒气味:有兴奋作用。

柠檬和由加利树香味:能让人提高警觉,使人不会打瞌睡,放在客厅较宜。

菊花香味:能使人解除一天的疲劳,适宜用在浴室和洗手间。

白芷花香味:能刺激人做家务做得更快,宜用于厨房。

薰衣草:最适宜放一束在床边,它亦可用来做枕芯,令人睡得更安稳。

橄榄花香气:提神,让人对生命产生热爱。

天竺葵香气:使人镇静。

牡丹、茉莉花香:促使人们产生轻松美好的回忆。

桂花香气:消除疲劳。

薄荷香:使人思维清晰,乐于活动。

檀香:能治疗抑郁症,起到镇静作用,使人心安神宁。

生活中,我们的周围充满着各种各样的气味,但每个人都有自己喜欢的味道,无论它是实际意义上的还是意念上的,都能对人的情绪产生一些积极的影响。有的可以使人缓解压力,有的可以使人平衡情绪,有的可以减轻悲伤。

## 浇灌花花草草,给自己好心情

老舍先生说:"有喜有忧,有笑有泪,有花有实,有香有色,既须劳动,又长见识,这就是养花的乐趣。"可能我们并没有老舍先生的生活体验,但

上篇 解码情绪：认清人生的方向

我们可以有陶渊明"采菊东篱下，悠然见南山"的那分闲情雅致、悠然自得。当你将房间、阳台都摆上花花草草时，当阳光透过它们的枝叶斑驳地洒在地上时，你与家人置身其中，必定会心旷神怡，宛如身处世外桃源。

李先生经营着自己的一家公司，但无论他怎么忙，都不忘摆弄花花草草。他说："在走访市场时，我从郊外采来野花野草什么的作为插花材料，很有创意地插上一盆野韵十足的盆景，摆放在办公室里，增添一些生机。那时，公司里已经由原来的十几号人，剩下几个人了，我不喜欢办公室里太沉闷，还是说说笑笑的，一边搞我的插花创意。"

对于现代都市人来说，闲暇之余摆弄一下花花草草，不仅仅是一种雅兴，而且可以美化环境，更是一种放松心境的需要。而据专业人士介绍，其实养些花花草草也有很多学问，在掌握了这些学问之后，再开始行动吧。

### 1. 多养些生命力强的

你首先需要考虑的便是家居环境或办公环境，这包括通风条件、光照、湿度、温度等。但无论怎样，你最好养些生命力强的植物，这样，它的茁壮成长会让你很有成就感。

如果你的房间内通风情况不是很好，那么，你选择植物时最好以耐阴观叶植物或半阴生植物为主。以卧室为例，东西向居室可以养万年青、文竹；北面居室养龟背竹、棕竹、虎尾兰、印度橡皮树等都可以。

其次，你需要考虑的是，你能为这些植物花费的精力有多少。如果你很忙，或者你不想花费太多时间照料这些植物，那么，你可以养一些让你轻松的，比如席尾兰、长春萝、佛肚树、万年青、秋海棠等。

另外，如果你希望在卧室中摆放一些花草的话，你必须要注意这些花草的负面影响。

夜来香夜间排出废气使高血压、心脏病患者感到郁闷；玉丁香久闻会引起烦闷气喘，影响记忆力；郁金香含毒碱，连续接触两个小时以上会头昏；含羞草有毒性氨基酸，经常接触引起毛发脱落；松柏可影响食欲。

### 2. 花草要与家居环境协调搭配

种植花草，也要与居室环境搭配起来，比如房间的颜色、高度等。一般来说，居室内绿化面积最多不得超过居室面积的10%，这样室内才有一种扩大感，否则会使人觉得压抑。

另外，在色彩上，一般来说最好用对比的手法，如房间背景为亮色调或浅色调，选择植物时应以深沉的观叶植物或鲜丽的花卉为好，这样能突出立体感。不宜与花色墙纸的房间配置在一起。蔓生花卉不宜做案头栽植而适合悬吊式栽植。中式家具适宜配盆景，西式家具宜配剑兰类花卉。巧妙搭配出风格与品位，会让你感到赏心悦目。

种植、浇灌花花草草是一个修身养性的过程，需要你精心呵护。当你能把它培养成一项爱好时，那么，无论你遇到什么，能看见那一簇簇充满生机的绿，你的心情也就舒畅了。

# 发现自己的兴趣爱好，填补空虚心境

现代都市生活中，很多人都觉得自己空虚、无聊、工作累、觉得没劲。即使那些事业有成的人，每天忙里忙外，可是他们的内心却很空虚。人们为什么会觉得空虚，是因为缺乏自己真正的爱好。有爱好的人，就有了自己的精神家园。不管外面如何风雨飘摇，他们回到精神家园，就获得了足够强大的心灵安慰。

道森太太是个大忙人，她经营着自己的洗衣店，还得照顾丈夫和儿子。为此，她每天忙得焦头烂额，但她却懂得调节自己的心情。"我的兴趣比较广泛，只要是一切美的事物，我都喜欢。也许正是如此，在我工作、生活中遇到困难，感到太疲惫、太压抑、太困惑时，我就用自己的喜好来调整自己。"

她说："有时候，人不一定要赚到很多钱时，才会得到自己想要的东西。我没赚到太多的钱，也没花太多的钱，一样得到快乐。在我工作遇到瓶颈时，

为了让自己不因为工作的困顿压倒自己,我每天都会花半个小时的时间去弹钢琴。我很庆幸,父亲在我很小的时候就让我学会了体会音乐的力量。"

我们毕竟是吃五谷的凡人,哪能不遇到烦心的事呢?只是,我们一定要给自己培养几项兴趣爱好,比如:画画、看书、做瑜伽、听音乐、唱歌、看风景……一定要多看书,"腹有诗书气自华",聆听过古典音乐的耳朵,欣赏过世界名画的眼睛,吟诵过唐诗宋词的嘴巴,都会让你变得优雅起来!爱家庭,不要拘泥于家庭,至少要有两个好朋友,男女各一。学会有情趣的生活,我们平凡的生活就不会再单调!

可能你又会产生疑问,那如果没有兴趣爱好又怎么办呢?的确,每个人都有自己的工作、学习,它们并不是那么有趣,此时,我们就要学会自觉地培养自己的兴趣爱好,要学会把这些无趣的工作变得有趣。那么,我们该怎么挖掘其中的乐趣呢?很简单,那就是认识到你工作和学习的价值。比如,有人认为学习外语是枯燥、乏味的,理发员理发,售票员卖票,工人开机床,调度员调度,农民种田,日复一日,年复一年,都是很单调的。但是当你认识到学习和工作对人民对国家有益,或往小一点说,对你人生前途至关重要,是个人生活必不可少的一部分,那么,对学习和工作的兴趣爱好就会逐渐产生。

兴趣爱好能让人产生积极向上的情绪,能使人变得眼界开阔、心胸豁达。当一个人对生活有兴趣的时候,就会觉得世界是美好的、丰富多彩的,心情愉快。而一个没有生活兴趣的人往往对生活、学习和工作冷淡,感到精神空虚,烦闷苦恼,觉得生活乏味,就不可能热爱生活。

赢在情绪

# 第10章
# 调节情绪，让自己随时拥有好心情

生活是多姿多彩的，也是千变万化的，它对待所有人的相同之处，就是公平。你怎样看待生活，生活便会怎样对待你。在这个五彩斑斓的世界中，我们的看法，决定了我们人生的色彩。积极地、不断地调整自己的心态，让自己眼中的世界充满绚丽丰富的色彩，生活才有可能真的变得五光十色。在人生道路上，成功向来只青睐那些善于调节自己情绪的强者。正是他们不畏艰险、笑对沧海的精神，一次次将他们送到成功的彼岸。

## 好情绪的由来要靠好心态

生活中，我们都希望自己有个好心情，好心情是生活的甜味剂，会带给我们无穷的快乐。然而，我们似乎总是听到这样的声音："我烦死了""气死我了""这个人真讨厌"等。也可以看到一些人虽一言不发，但神情忧郁，精神恍惚。不用问，他们准是碰上令人气愤或烦恼的事情了。其实我们每一个人都或多或少遇到过一些挫折。对此，一般人都能自觉地调整心态，较好地适应社会。但也有少数人由于持有一些不合理的信念，在遇到重大挫折时往往会一蹶不振，严重的甚至不能正常工作学习，给自己和亲戚朋友带来很多麻烦。

"其实人活的就是一种心态。心态调整好了，蹬着三轮车也可以哼小调；

心态调整不好，开着宝马一样发牢骚。"这是手机上的一条短信，它生动形象地说明了人的心态的重要。

心态就是人们对待事物的一种态度。每个人的一生都有许多欲望，都希望自己钱挣得多一点，事业顺利一点，官做得大一点，生活过得幸福一点……问题在于人不可能事事顺心，当这些欲望不能得到满足时，我们以什么样的心态去面对。

米歇尔是个传奇式人物，在他46岁那年，被一次很惨的意外火灾事故烧得不成人形，四年后又在一次坠机事件后，腰部以下全部瘫痪。当他醒来发现自己在医院里时，身上已被烧得体无完肤，他周围也是一大群跟他同病相怜的人，他们对自己的遭遇自怨自艾："为什么是我？老天爷为什么如此对我？人生为什么这么不公平？成为这种样子在这社会上还能有什么作为？"然而米歇尔不像他们一样，反而向自己提出这样的问题："我现在还幸运地拥有些什么？我要如何重新站起来？此刻我还能比以前做更多的什么事？"

更有趣的是，米歇尔在住院期间结识了一位名叫安妮的漂亮迷人的女护士，他不顾脸上的伤残和行动不便，竟然异想天开："我怎样才能和安妮约会呢？"他的同伴都认为他实在有些神志不清，他必然会碰一鼻子灰回来。谁会想到一年半后两人竟然打得火热，后来安妮成为了他的太太。

米歇尔屹立不倒的正面态度使他得以在《今天看我秀》《早安美国》节目中露脸，同时《前进杂志》《时代周刊》《纽约时报》及其他出版物也都有米歇尔的人物特写。

米歇尔为什么能创造奇迹？因为他的心态一直都是正面的、积极的，因此，即使在灾难面前，他依然拥有好心情，他看到的就是希望，于是，他最终战胜了困难。

米歇尔说："我完全可以掌控我自己的人生之船，那是我的浮沉，我可以选择把目前的状况看成是新的一个起点。"

认知绝不是一成不变的，如果我们认为某件事对于我们不利，便会把这种信息送入脑中，结果就产生不利于我们的态度。如果我们主动换个视角，对于原先的那件事便会产生不同的态度。

**赢在情绪**

如果说良好的心态会给人带来更多的好运,这种说法太过绝对。但不可否认的是,当我们保持着健康积极的精神面貌时,困难便不复存在,所谓的厄运也会逃之夭夭,好运便如期而至。因此,为了应对未知的人生,我们在平时就要修炼并养成及时调整心态的习惯。

## 丢掉复杂,心境简单才有好心情

我们都希望自己拥有一个好心情,拥有好心情才会拥有幸福、美满的人生。然而,在大多数人的观念里,要得到快乐,就要得到财富、地位、事业,要吃得好、穿得好、住得好,以为得到其中任何一种,便得到了人生的幸福。而实际上,快乐是简单的,只要我们有简单的心境,当你需要食物时,你拥有了食物,你就幸福;寒冷的冬天里,一盆炭火带给你的温暖就是幸福。也就是说,快乐并不是某种固定的实体,而是一种精神与物质的统一,更多地表现在精神体验上。

一天,一只鸡啄来啄去满地寻找食物,它要给自己和孩子寻找可以填饱肚子的东西。突然间,它从一堆废弃的树叶中发现了一颗珍珠,它惋惜地说:"如果你的主人找到了你,他会非常高兴地把你捡起来,把你当成宝贵的财富,可我要寻找的是米粒,而不是你,对于我来说,你毫无用处,一文不值啊!世界上所有的珍珠,都不如一颗米粒对我有吸引力。"

又一天,一只精明的猎狗在森林里寻找主人打下来的猎物,偶然间看到了一袋黄金。它跑上前去嗅一嗅,懊丧地说:"哎,我还以为找到了主人打下来的猎物呢!不过,我相信主人肯定会非常喜欢,说不定他一高兴就每天赏赐我几根骨头呢!"猎狗这样想着,叼起那个口袋跑到主人身边。

"你真是太伟大了!我要用其中的一块黄金给你配一身最好的行头!"主人抚摸着猎狗说。

猎狗连忙恳求道:"不,如果您不介意的话,我想每顿享用几根骨头。"笑逐颜开的主人爽快地答应了,猎狗从此每天都可以吃到骨头。

上篇　解码情绪，认清人生的方向

幸福不是获得更多的财富与地位，而是得到最适合自己的东西。幸福是可以选择的，我们在选择之前，首先要弄明白自己内心真正需要的是什么，得到你所需要的，你就能获得简单的幸福。

然而，在现实生活中，有一些人，他们随着年龄的增长，各方面的需求不断增加，找工作，买房子，结婚等。为了尽早实现一个个愿望，他们不停地奔波劳碌，为一个又一个目标奋力冲刺，这成了某些人最习惯的生活方式。纵然实现一个小目标的成就感会让自己得到短暂的喜悦感，而第二天一起床，这种感觉很快就消失得无影无踪。

还有一些人，他们有房、有车，母慈子孝，按理说生活得很好，可为什么他们总是羡慕别人的生活和快乐，而感受不到自己的幸福呢？其实，幸福的本质不在于追求什么、获得什么，而在于珍惜你所拥有的一点一滴，让心懂得享受，学会满足。

德国哲学家叔本华曾说过："我们很少想到自己拥有什么，却总是想着自己还缺少什么！不要感慨你失去或是尚未得到的事物，你应该珍惜你已经拥有的一切。"

总之，如果我们在每个清晨都能清爽地醒来，我们就是幸福的人，就应对生命的赐予给予感恩。

人的一生可以拥有很多，也可以获得很少，这一切，都取决于我们内心的需求与期待。当我们懂得知足，懂得珍惜已经拥有的一切，不再为遥不可及的目标而焦虑、彷徨，这样一颗感恩的心，便会带领我们走进幸福的乐园。

## 巧用心理暗示，调节出最佳状态

生活是千变万化的，悲欢离合，生老病死，天灾人祸，喜怒哀乐，都在所难免。一次考试的失利，一场伙伴的误会，一句过激的话语，都会影响我们的心情，生活中的不顺心事总是很多，这就需要我们每个人要学会调节自己的心态。怎

**赢在情绪**

样调节呢？最简单有效的做法——用积极的暗示替代消极的暗示。当你想说"我完了"的时候，要马上替换成"不，我还有希望"；当你想说"我不能原谅他"的时候，要很快替换成"原谅他吧，我也有错呀"等等。

暗示是生活中最常见的一种特殊心理现象。它是人或周围环境以言语或非言语的方式向个体发出信息，个体无意识地接受了这种信息，从而做出一定的心理或行为反应的一种心理现象。然而随着研究的深入，人们发现暗示就像一把"双刃剑"，它可以救治一个人，也可以毁掉一个人，关键在于接受心理暗示的个体自身如何运用并把握暗示的意义。

那我们应该如何运用心理暗示，从而调节出最佳状态呢？

### 1. 暗示语言要精练

暗示的目的是为了调动潜意识的力量。但是，不能用复杂的语言进行描述，因为潜意识不懂得逻辑。应采用"我能行""我一定能成功""我会学会的""我一定能考出好成绩"等简单、精练的语言进行暗示。

### 2. 采用积极的暗示

面对同样难度的事，有的人对自己充满信心，相信自己"很快就能做到"，有的人则缺乏信心，怀疑自己"根本做不到"。两种不同的心态，结果就会大相径庭。前者属于积极的暗示，即使遭遇失败，也不当一回事，只把做得好的印象深深印在脑子里，结果可能很快就成功了。而后者则属于消极的暗示，往往把失败的印象留在脑海中，这样做起来就费力费神多了。因此，永远不要对自己说：我很笨；我根本学不会；我不可能成功；我麻烦了；我真糟糕；我绝对不行，我肯定会失败；我一定赢不了……消极、负面的字眼会让你产生消极的暗示，导致消极的行为。如果你经常对自己进行积极的暗示，诸如"很快就能学会""我非常棒""我一定能赢"，这样会让你产生积极的思维和行为。

### 3. 用肯定句

我们也许都有这样的经验，骑车时，看到前面有一棵大树，你不断告诫自

己:"千万不要撞上去。"这时你可能就真的会撞上去。也就是说,你努力做到"千万不要撞上去",反而会由于"相悖意象"的法则而使你遭到失败。正确的想法应该是:"我一定能够绕过去。"这样才能进入你的理想状态。因此,应把你的暗示性语言"我不会失败""我不能失败""我不能考砸了""我不能生病""我不能自卑"等改为"我一定会成功的""我一定能考好""我很健康""我很自信"等积极性的语言。

心理暗示对于人们产生的影响不可小觑,也正因为如此,在平时的工作与生活中,我们应有意识地养成积极暗示的习惯。遇事多对自己说"太好了,还可以补救""我一定会成功",当思维方式变得积极,我们的能力也将变得战无不胜。

曾经有报道说,日本人为了改变自己压抑的性格,从而有利于与西方人打交道,他们采取了一种训练笑容的方法:他们在下班之前的半个小时里,会每人拿起一支筷子,横着咬在嘴里,固定好脸部表情后,将筷子取出。此时人的脸部基本维持一个笑容的状态。再发出声音,就像是在微笑着说话了。

这种看似荒谬的做法却是有科学依据的。心理学家普遍认为除非人们能改变自己的情绪,否则通常不会改变行为。其实,我们在生活中都有这样的体会,当孩子哭泣时,我们会逗他们说:"笑一笑呀!"结果孩子勉强地笑了笑之后,跟着就真的开心起来了,这就很好地说明了情绪的改变将导致行为改变。

美国著名教育家卡耐基提出:"假如你'假装'对工作感兴趣,这态度往往就使你的兴趣变成真的。这种态度还能减少疲劳、紧张和忧虑。"

在我们的思维里,总是认为情绪会导致行为,实际上,我们也可以反过来思考,我们的行为也会导致情绪。比如,我们悲伤时会哭泣,但我们哭泣的话,也会引发悲伤的情绪。心理学家提出了一个"假喜真干"的概念,意思就是,你假装自己喜欢做某件事,或从事某件工作,那么,你会真的喜欢起来。

菲蒂娜小姐是一位办公室文秘,她的工作就像人们所说的"打杂"的工作一样。除了要给经理倒咖啡、买早饭,处理一堆琐碎的文件,还得抄写和打字,虽然忙碌,却枯燥无味,毫无技术含量,她常被累得精疲力竭。后来她想:"这是我的工作,单位对我也不错,我应该把这项工作搞得好一些。"

于是,她决定假装喜欢这份工作。一段时间以后,她居然发现自己真的喜欢上了这份工作,她发现,她的上司是个很和蔼的人,每天和他一起相处很自在,为他效劳自己也很乐意。在处理那些文件时,她更加认真起来,为此,她曾经发现文件中一个数据问题,为公司避免了达数百万元的损失。因为这件事,她被提升了。现在,她总是经常超额完成任务,这种心态的改变所产生的力量,确实神妙无比。

从菲蒂娜的工作体验中,我们发现,人的情绪是可以由行为引发的。根据这种观点,人可以通过控制行为的方式来控制自己的情绪。

那么,我们该如何"伪装"出好心情呢?

最常见的一个办法即是,当你在生气的时候,可以找一面镜子,对着镜子努力做出笑容来,持续几分钟之后,你的心情果真会变得好起来。这种方法叫作"假笑疗法"。

实验证明,这种方法很有效果。每天早上,如果你能先假笑,那么,接下来的一整天,你都会有好心情。

烦恼时假装微笑,并不是一件很难的事。然而,就是这种"假装",便能够引领我们走出心灵的困境。当情绪影响着人们的行为时,行为也在改变着人们的情绪。面对困难或烦恼,我们不妨多笑一笑,一张笑脸能感染别人,更能鼓舞自己。

## 宽容之心让自己拥有好情绪

与人打交道的过程中,我们发现,那些做事太过认真,爱较真,或者说死心眼的人,在人际交往中,总是吃不开,他们也很难拥有好心情;而相反,那些为人豁达宽容的人却凡事看得淡然,即使遇到别人的打击与伤害,也能做到一笑而过,他们的胸怀是宽广的,这更是一种淡定、成熟、冷静、理智。因此,他们不会因为这些小事而影响到自己的情绪,因此,我们发现,宽容之心实是

一剂人生"良药"。小则使自己免受伤害,大则能助自己飞黄腾达。

美国第三任总统杰斐逊与第二任总统亚当斯从交恶到宽恕也是这个道理的显现。

杰斐逊在就任前夕来到白宫,他的目的是要表明自己的立场,也就是想告诉亚当斯说他希望针锋相对的竞选活动并没有破坏他们之间的友谊。但据说杰斐逊还来不及开口,亚当斯便咆哮起来:"是你把我赶走的!是你把我赶走的!"从此两人没有交谈达数年之久,直到后来杰斐逊的几个邻居去探访亚当斯,这个坚强的老人仍在诉说那件难堪的事,但接着冲口说出:"我一直都喜欢杰斐逊,现在仍然喜欢他。"邻居把这话传给了杰斐逊,杰斐逊便请了一个彼此皆熟悉的朋友传话,让亚当斯也知道他的深重友情。后来,亚当斯回了一封信给他,两人从此开始了美国历史上最伟大的书信往来。

这个例子告诉那些还在因鸡毛蒜皮的小事和朋友老死不相往来的人,那些为了一些不值一提的小事与人大打出手的人,懂得退让是一种多么可贵的精神!它需要我们以宽容的心态对人。宽容是解除人际误会和不快的最佳良药,宽阔的胸怀能使你赢得朋友,能和那些伤害你的人化干戈为玉帛,因为宽容代表了理解,它像一扇心灵的大门,把心放宽一点,门就不会挤了。受到伤害,心中不快乃人之常情,但唯有以德报怨,唯有容人之过,才能赢得一个温馨的世界。释迦牟尼说:"以恨对恨,恨永远存在;以爱对恨,恨自然消失。"

因此,让我们善待身边的每个人吧,深切地理解每个人。相信自己,也相信别人,严以律己,宽以待人,胸怀祖国,放眼世界。这样,我们一定能保持良好的心态和情绪。说到底,决定人心态的是人的理想、人生观、世界观。一个人具有远大的目标,正确的人生观,胸怀宽广,执着进取,挑战自我,不屈命运,坚信自己,积极思想,那么,他一定能保持良好的心态,拥有美好的人生。

狭隘的心胸并不会使我们的成功道路变得平坦,相反,它会在我们的人生道路上种满荆棘,令我们举步维艰,动辄受到伤害。当我们敞开胸怀,我们并不会受到更多的伤害,相反,我们得到的会是更多的拥抱。凡事后退一步,忍让一步,我们便会看见更多更美的风景。

**赢在情绪**

# 第11章
# 换位思考，学会体恤他人的心情

身为社会人，我们每一天都要和不同的人相处、交流。在与他人的交际中，善于"察言观色"的人，往往更容易与他人进行良好的沟通。因为他能够体会对方的心情，所以能够判定怎样的语言和行为方式可以令对方相对舒适或愉悦，而不至于排斥或抵制双方的交流。大多数人的心理状态，往往会通过他的表情、语言或肢体动作表现出来。有些人十分善于克制自己，喜怒不形于色，但有时也会因为一些不经意的动作，暴露自己的心情。因此，在人际交往中，学会察言观色、随机应变，是一项十分重要的技能。

## 识别他人情绪，适时调节自己

与人交往的能力的强弱体现了一个人的智慧，一个社交能力强的人在应酬之前，往往会事先了解别人的内心世界，识别他人的情绪，这样就能根据他的想法而采取下一步的应酬措施。

小风是个口才很好又幽默风趣的人，同事们都特别喜欢跟他在一起，没有人会拒绝快乐。

但是，小风也有苦恼，那就是一旦自己暗恋的美女同事小娟在场，他就会思维迟钝、说不出话。如果他正和同事开玩笑时，小娟突然出现或者与他目光

上篇　解码情绪，认清人生的方向

交接时，他就更会面红耳赤、不知所措，甚至语无伦次。每次他想在小娟面前一展自己的幽默天分，以期获得她的好感，结果总是适得其反。对于自己屡屡的"临阵怯场"，小风真是郁闷透了。

可见，人的情绪随时随地都有可能发生变化，而这些变化也会不由自主地表现出来。那么，我们可以通过哪些方面观察到呢？

当然，与人交往中，我们识别他人情绪，多半是为了照顾他人的感受、体恤他人的心情，从而调节自己。比如，如果你的朋友刚失去亲人，那么，在他面前，你就尽量不要开怀大笑，而应该感同身受，表达自己的悲哀之情。

人们对于那些善解人意者往往都有好感，并愿意与之交往。因此，人际交往中，你不妨细心一点，多观察对方的心情变化。当对方遇到了悲伤的事情时，你可以这样安慰他："我能体会到你现在的心情……"当对方走出情绪的阴霾中时，必定会认为你是个贴心的人。

但在日常生活中，不恰当的劝慰方式比比皆是。当同事失去亲人时，我们总说"别哭了，哭不是办法"；当朋友遭遇失恋时，我们说"失恋的人多了去了，你又不是第一个"；当朋友事业遭挫时，我们说"你要坚强，一会总会好的"等等。心理专家认为，我们最常犯的错误就是，没有与对方形成同感共情，也没有将积极的心态传达给对方。

实际上，人际交往并没有人们想象得那样难，只要我们掌握一些交际要领，但前提是洞悉对方的内心世界，那么，交际也会变得轻松。人的一生就是社交的一生，社交是事业的前提，如果你注意观察，人与人之间的交往举目皆是，并且都体现着社交的真谛。曾国藩成为中国封建社会末期著名的军事家，也是和他善于洞察人心有关。我们要以之为鉴，把它用到社交和应酬上。于是，如何洞察社交对象的内心世界成了我们要理解的重要课题，掌握了它，就能掌握社交的要领，也就掌握了自己的人生！

在人际交往中，若想别人接受我们的意见，或是轻松成为别人乐意接纳的人，首先要使自己的交流方式让别人感到舒服、体贴。人的情绪不会一成不变，当交流对象出现情绪波动时，我们只有及时发现并改变之前的交流方式，才能令这次交谈继续愉快地进行下去。

 赢在情绪

# 从对方眼神了解其内心波动

眼睛被称为视觉之王，俗话说，眼睛是心灵的窗户。春秋战国时期，孟子对眼睛做过精辟的阐述："存乎人者，莫良于眸子。眸子不能掩其恶：胸中正，则眸于焉；胸中不正，则眸子眊焉。"说明眼睛是判断人心善恶的基准，这就是眼神的作用。一个人的话的真假，可以从他的眼神辨别，一个人的善良与否，也可以从他的眼神辨别。同样，我们还可以通过观察他人的眼神了解其内心波动。

曾经有个叫詹姆士的建筑家，他发明了一种可以防止偷盗行为的方法，那就是画一幅皱着眉头的眼睛抽象画，镶于大透明板上，然后悬挂在几家商店前。果不其然，那段时间，店铺的偷盗案件迅速减少。当有人问他原因时，他说："我画的虽然并不是真正的眼睛，但对那些做贼心虚的人来说，却构成了威胁，极力想避开该视线，以免有被盯梢的感觉，因此，便不敢进入商店内，即使走进商店里，也不敢行窃了。"

这就是眼神的力量，那些小偷看见的虽然是假的眼神，可是有种心虚的感觉，心理作用让他不敢再偷盗了。

我们在与人交际的过程中，也可以选择观察别人的眼神来洞彻他的内心世界，比如说：开心的眼睛透露的是水亮有神，笑容灿烂；尊敬的眼睛表明他有点害怕，笑容勉强；爱慕的眼睛是眼神迷蒙，笑得腼腆；困扰的眼睛是深邃无神，若有所思，眉头紧锁。

具体说来，我们可以从不同方面来看。

第一，从眼神看交际对象的心态。

①一直盯着你看的话，他心中可能有隐情；

②在言谈中，假如他一直注视你，表示他想引起你对所谈内容的注意；

③初次见面时，他的眼光若主动离开你的视线，说明他处于相对优势地位；

④假如你注视他,他立刻离开你的视线,一般是因为他有自卑感;

⑤假如你们是异性,当你们互看一眼后,他随即故意移开视线,表示他对你有着强烈的兴趣;

⑥假如他斜眼看你,表示他对你非常有兴趣,但又不想让你识破;

⑦若是他仰视你,表示对你存有尊敬与信赖;

⑧如果他俯视你,他是想显示对你的一种威严。

第二,通过视线来观察,一个人的视线可以从不同角度和不同的观点来了解:其一,对方是否在看着自己;其二,对方的视线是如何活动的,对方直盯着自己,或视线一接触马上移开,其心理状态是迥然不同的;其三,视线的方向如何,也就是观察对方是否以正眼瞧着自己,或以斜眼瞪着自己;其四,视线的位置如何,就是观察对方究竟是由上往下看,或者是由下往上看等;其五,视线的集中程度,这是指观察对方是专心地在看着自己,还是视线缥缈,不知究竟是在看什么地方等。

眼神往往最能体现人的内心世界。从医学角度来说,人的五种感觉器官中,被称为"五官之王"的眼睛占感觉领域的70%以上。面对不同的人,我们可以尝试从那一双双不同的眼睛中读出他们的内心,然后选择合适的交际策略。

## 听对方的语气感受其心情

生活中,人们常说"祸从口出",所有的祸端来自语言。但从这句话中,我们还能想到,要想看清别人,就可以从对方的语言着手,而任何一句话,都是带有感情的,因此,就产生了语气。一个人的心情如何,通常都体现在语气中。我们先来看下面一个故事。

王安石做宰相的时候,儿媳妇家的亲戚萧氏的儿子到京城,拜见王安石,邀请王安石吃饭。第二天,萧氏的儿子穿盛装出席,以为王安石必定会以盛宴相邀。到了中午的时候,觉得很饥饿但不敢离去。又过了很久,王安石才下令

入座，菜肴都不准备。萧氏的儿子心里对这件事感到奇怪。喝了几杯酒，才上了两块胡饼，再上了四份切成块的肉。一会儿就上饭了，旁边只安置了菜羹罢了。萧氏的儿子很骄横放纵，不放下筷子，只吃胡饼中间的一小部分，把四边都留下。后来，王安石才缓缓地出来，看到这一幕，只是轻轻地笑了一下，然后把剩下的四边取来吃，萧氏的儿子感到很惭愧，便回去了。

王安石不出声，只是笑了一下，这已经表示出了他的不满，后来又把萧氏的儿子吃剩下的饼吃了，这更是一种无声的抗议。萧氏的儿子感觉到了这一点，自然惭愧地回去了。

语言是内在最好的表现，是表达心声的最佳武器，而语气则具有隐性的特点。因此，一般我们在与人交际的过程中，就要学会观察对方的语气。假如，他说话高高在上，那么他必定是个得意之人，这样的人，你需要小心说话，免生事端；假如他说话轻声细语，那么他就是个性格温柔之人，但也可能绵里藏刀，这样的人你更要提防；也有一些人说话大声爽朗，他们的性格和他们的声音一样，开朗大方；而更有一些人，他们说话诚恳，不矫揉造作，这样的人，他们谦虚卑恭、平易近人，这样的人，才能获得别人的诚心相待。

一般说来，一个人的感情或意见，都在说话语气里表现得清清楚楚，只要仔细揣摩，即使是弦外之音也能从说话的帘幕下逐渐透露出来。

### 1. 留意语速变化，就抓住了他的内心变化

如果一个人平常说话慢慢悠悠、从不着急而突然加快时，那么很可能是对方说了一些对他十分不利并且是无端诽谤的话，语速的加快表达了他内心的不满、着急和委屈。而相反，如果语速减慢的话，则很可能是对方触及了他的一些短处、弱点甚至是错误，要不就是他有事瞒着对方，语速的减慢反映了他底气不足、心虚、卑怯的内心状态。

### 2. 声调的提高，并不一定是有理

音调的变化，语气的改变能体现一个人内心的动荡，反映出一个人真实的

一面。理直才能气壮，为了引起你的重视，他往往会提高声调。对此，你可以这样说："是的，我也认为……"

### 3. 沉默寡言的人变得健谈，是因为心里有"鬼"

突然由沉默变得健谈的人，往往是刚遇到了一些自己不愿意别人提及的事情，也就是心理有"鬼"。对此，我们要识趣，我们可以这样说："对了，我想起一个问题……"这样，就能顺利把话题引开，把对方的思维引向别处。

懂得观察对方情绪的波动，我们才能对症下药，采取正确的说话方式。

在与他人交往时，我们常常能够通过这个人的语气来判断他此时的情绪或心理状态。只要我们仔细观察，合理判断，便能够在沟通时取得事半功倍的效果。

## 帮助他人获得好心情，环境更和谐

一些场合中，当大家兴高采烈地聚在一起，或聊得热火朝天、或开怀大笑时，我们发现，总有一两个朋友似乎心情不好，他们坐在角落里，一声不发。此时，你该怎么办？是继续和其他朋友交流还是强行把这个朋友拉进大家的活动中？这两种方法似乎都不太奏效，那么，我们该如何做呢？正确的方法是走近这个"不和谐因素"，然后了解其情绪，帮助其调节情绪，从而让其主动走入人群。

与小丁相处了三年的男朋友向她提出分手，令她痛苦不堪。内心敏感而又缺乏安全感的她担心再也找不到深爱自己的人了。在男朋友提出分手后，表面上她强颜欢笑，骨子里却颓废不堪，害怕失眠带来的空虚感，她爱上了泡酒吧，常常午夜时分还流连于酒桌之间。

作为朋友的肖燕看不下去了，在一个周末，肖燕打电话将其他朋友叫到了

家里，并约了小丁。原本，肖燕以为小丁会和大家玩，然后会高兴起来，但小丁却只是一个人坐在房间里。于是，她敲开房门，准备和小丁谈谈。小丁抱着朋友大哭起来，肖燕明白她还沉浸在失恋带来的痛苦里，轻轻拍着她的头，心疼地劝慰："别哭了，其实你的条件多好啊，只是你们缺少缘分罢了，这也许是个好事，情不投意不合，多别扭，俗话说，强扭的瓜不甜。我觉得以你的条件，不愁找不到与你般配的人，我就知道有好几个男孩子对你不错。"短短一席话，点拨了小丁，也劝慰了她。

心理专家说："每个人一定都劝慰过别人，而且大部分人都还认为自己的劝慰方法并没有错。但事实并非如此。比如，有的人这样劝慰失去丈夫的妇女：'我知道，你的爱人死了，没关系，失去了丈夫以后还可以再找。'或者：'你已经够幸运了，起码还有胳膊有腿呢。'这样的劝慰方式只会让被劝慰者闭上嘴，不再表露任何情绪。"

那么，我们该如何帮助朋友调节情绪，然后让环境更和谐呢？

### 1. 不要急于追问

在对方无法清楚地表达自己的困难时，我们不要急于追问，尽量通过语言给予对方积极的心理暗示，比如"我虽然不知道发生了什么，也不知道应该怎么说，但我真的很关心你"，给对方传递"尊重对方的伤痛，随时准备帮助他"这样的信息。

### 2. 当他恢复平静后，鼓励他重新与人交流

你可以让他回顾自己的成功体验，假如你知道他以前唱歌比较好，你可以说："听说你以前唱歌……你当时是什么感受？"让他回忆过去，使他觉得自己还是很优秀的，帮助他重新树立起自信心。

人生不会是一帆风顺的。我们的身边，也常常有备受挫折的亲友。当我们尝试去劝慰他们的时候，不能想当然怎么怎么样，这样往往适得其反，有时甚至导致两人之间出现罅隙。掌握适当的方法，有效地帮助他人调节情绪后，才能成功地令其重新融入周围的环境。

上篇　解码情绪，认清人生的方向

## 保持好心情，孩子表现更出色

身为成人，我们都知道，好心情有助于激发我们的潜能，更有利于我们的工作、学习。同样，孩子也是如此。作为家长的我们，需要记住，保持好心情，孩子表现更出色。孩子很小的时候就会有自己的情绪，得到东西高兴，失去了就伤心。做家长的要合理引导，让孩子把情绪发泄出来。平时多与孩子沟通，分享他的快乐和不快乐。

一天，欧太太正上着班，就被儿子老师的一个电话叫到学校，原来是儿子在学校闯祸了。可是令她不解的是，儿子一直很乖，连和人大声说句话都不敢，怎么会闯祸呢？

匆匆忙忙赶到学校，才问清楚情况：原来是班上有些男生挑事，说欧太太的儿子小强是"胆小鬼"。老师告诉欧太太，班上传言，小强喜欢某个女生，但一直不敢说，这些男生知道后，就拿这件事嘲笑小强。而小强则因为这件事很生气，于是大打出手，体型高大的他把这几个男生都打得鼻青脸肿。

"我的孩子怎么这样？"欧太太很是不解，她觉得是时候和儿子好好谈一下了。

一向乖巧的小强怎么会突然这么容易被激怒而向同学大打出手？这就是情绪导致的。那么，作为父母，当孩子有负面情绪时，该如何帮孩子疏导呢？

### 1. 停止对孩子不切实际的期望

无论何时，父母都是孩子的天，如果孩子感受到自己让父母失望，那么，这就是毁灭性的心理打击。

因此，作为父母，无论你的孩子学习成绩如何，无论你的孩子是否有特长等，你都要调整好心态，为孩子的成长与进步而高兴、骄傲。这里，我们要做的是"纵向比较"，比如，如果你的孩子这次的学习测验比上次好，你就要奖励孩子，

鼓励孩子。但横向比较，也就是拿自己的孩子和其他孩子比较，这永远都是要不得的。

### 2. 让孩子有一个畅通的情绪宣泄渠道

青春期的孩子是脆弱的、敏感的、容易受伤的，即使是男孩，他们也会悲伤沮丧。此时，你要让孩子尽情宣泄，就让他去哭个涕泪滂沱，而不是劝孩子"别哭别哭""男孩子不能哭"这样的话。告诉孩子："我知道你很难过。"或者什么都别说也好，给孩子独处的空间和时间去消化自己的情绪，帮孩子轻轻带上门就好。

### 3. "事件"结束后，帮助孩子正确梳理情绪

等"事件"结束，心情基本平定之后，再帮助孩子做自我反省，就能较理性、客观地分析；反省的另一层意义是，再一次经历当时的情绪波动，但脱离了"现场"，那么情绪压力再一次释放的同时也得到缓解。

孩子在心智等方面，与成人可谓有着天壤之别。尤其是处于青春期的孩子，他们敏感而冲动，面对小事不知如何处理，情绪来了也不知如何发泄，这个时候，家长需要给出及时的、合理的帮助，才能助孩子走出困扰，在成长过程中保持一颗稳定、平和的心。

上篇 解码情绪，认清人生的方向

# 第12章
# 接受现实，不满的情绪是沉重的负累

有这样一句话："生活正是因为它的不完美，才显得如此迷人。"仔细想来，这句话中的确蕴含了深刻的人生哲理。这个世上从来没有完美无瑕的东西，正如这个世上从来没有十全十美的人生。贫者羡慕富豪的纸醉金迷，富豪渴求贫者的粗茶淡饭。在有些人眼中，他们想要得到的，永远都是别人拥有的，殊不知，自己拥有的一切，别人正深深地渴求着。只有我们懂得珍惜已经拥有的一切，才能真正看清自己的心在向往什么，才能真正选对翱翔的方向。

## 珍惜眼前幸福，别活在幻想中

人们常说，人生就是一次旅行，在这一过程中，只有翻山涉水，不惧艰辛，走过忧郁的峡谷，穿过快乐的山峰，蹚过辛酸的河流，越过滔滔的海洋，才能走到生命的最高峰，领略美好的风景。诚然，我们不能否认这一点，但人的一生是短暂的，我们若把眼光总是放在前面的事物而错过了眼前的美景，那么只能空留遗憾。现实生活中的很多人，他们一直信奉勇往直前的原则，对未来充满幻想，但生活毕竟是真实的，我们只有珍惜眼前，才不会造成年华不再有的遗憾。

萨依特曾是埃及的一位政府高官，34岁就做了副市长，可谓前程一片灿烂。可惜，就在他飞黄腾达的时候，他主管的城市却发生了一场火灾，于是他被免

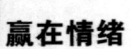

**赢在情绪**

职了。那年他37岁。离职后，萨依特的周围依然是一些显赫的人士，富翁高官大财团的董事长……大家都为萨依特惋惜，认为他会非常痛苦，最少也要来找他们帮忙。谁想，萨依特却回到乡村，过起了平民百姓的生活。

他在自家的小菜园里种菜、施肥、捉虫，过得平淡而有滋味。没事的时候，他就走村串巷，收集一些民间陶器作为自己的爱好。生活中，他从不理会别人的富贵，更不去羡慕别人的日子，我行我素地过着自己的简朴岁月。

由于他的知识和才能，他很快就在收藏上有了很大造诣。七八年过去，他竟然收集到了几十件世界顶级的民间珍宝。前来买卖的人蜂拥而至，萨依特每卖出一件，都在上千万美元。

有人问萨依特，你怎么会在收藏上有这么大的成就。萨依特说：因为我过得十分简单，从不盲从地去羡慕别人，清静的生活让我可以一心一意地鉴别陶器。

不去羡慕别人的生活，这使萨依特不但摆脱了烦恼，也把收藏做到了罕见的顶端，成为世界级收藏大师。

生活中常常打扰我们，让我们感到不安的，往往是那些莫须有的幻想，我们总是在羡慕别人，希望自己能过上同样的生活。有时候还包含了一种对未来生活的幻想，当然，渴求改变现有生活并没有什么过错，但如果你因此而忽视了现有生活的美好的话，就有点得不偿失了。

事实上，我们拥有的幸福才是真实的。

我们不会担心自己的孩子在上学的路上是否会被绑架，我们不会看到陌生人就会恐慌害怕，我们不会想象自己的另一半会不会因为金钱的关系而与我们对簿公堂，股市风云对于我们小老百姓们没有任何的损失，我们看不到金融危机的来临对我们的挫败，因此我们简单并快乐地生活着。我们没有机会因为生意失败而跳楼，很多时候总是会听到无论是在美国的纽约还是在大都会的香港，都有那些亿万富豪跳楼的报道。

总之，我们每个人，对于现在的生活，都应持有知足的心态，放下对于别处的风景的幻想吧，我们都有自己的天空，有自己的土地，有自己的蓝天，有自己的快乐，有自己的幸福，不去羡慕别人，这样你的生活才会变得悠然平静，从容不迫！

上篇　解码情绪，认清人生的方向

真正的幸福，不是过去也不是未来，而是抓住现在手心里的幸福。不要认为别人的人生就一定会比你更好，你不是那个人，其实每个人的人生都不会比你更容易，做好自己的角色，这样就会拥有一个属于自己幸福的人生。

别苛求完美，放松心境接受现实。

我们任何一个人都知道，人无完人，但对于生活，人们却不能以同样的心态面对，他们总是希望生活可以过得更好，总是认为自己可以获得更多，总是苛求生活。而很多不快乐的人，他们痛苦的来源就是"把自己摆错了位置"，总要按照一个不切实际的计划生活，总要跟自己过不去，总觉得生不逢时，机遇未到，所以整天郁闷不乐。而快乐的人明智地摆正了自己的位置，工作得心应手，生活有滋有味。因为他们懂得生活的艺术，知道适时进退，取舍得当。快乐把握在今天，而不是等待将来。事实上，我们每天可以做自己喜欢的事情，不在乎表面上的虚荣，凡事淡然，不苛求，那么，快乐、幸福就会常伴我们左右。

有这样一个故事。

从前，有一位渔夫，他在打鱼的过程中捞到一颗又大又圆的珍珠，欢喜得不得了，但随后，他又发现，这颗珍珠上竟然有一个小黑点。聪明的渔夫想，要是把这个黑点去掉，那么，这颗珍珠一定价值连城。于是，他不断地剥珍珠，但黑点仍在；再剥一层，黑点还在；一层层剥到最后黑点没有了，珍珠也不复存在了。

其实，黑点的存在才是珍珠的真实状态，也只不过是小瑕疵，这正是它的可贵之处。而渔夫却苛求这种真实，在他消除了所谓的不足时，美也消失在他追求过于完美的过程中了，美真正的价值往往不在于它的完整，而在于那一点点的残缺——如同丧失双臂的维纳斯，给人无限遐思。

同样，在现实生活中，我们也不可对人、对事要求太过完美，否则，最终会让自己成为孤家寡人，生活在孤独、焦虑之中。生活的目的在于发现美、创造美、享受美，而不善于发掘它的闪光点和长处，就难以找到真正的美。然而，事实上，我们生活的周围，却有太多的完美主义者，他们放不下执拗的对生活苛求的态度，他们对事物一味理想化的要求导致了内心的苛刻与紧张，因此，常常不能平和心态，追求完美的同时也失去了很多美好的东西。

然而，在这样一个讲究包装的现代社会里，我们常常禁不住羡慕别人美丽、

光鲜的外表,而对自己的某些欠缺自惭形秽,而其实,没有任何一个生命是完美无缺的,每个人都会缺少一些东西。

比如,我们发现,有些夫妻恩爱、收入颇丰,但苦于一直没有孩子;有的年轻女士才貌双全,在情感路上却总是坎坷难行;有的人家财万贯,却被病痛折磨……每个人的生命,都被上苍划上了一个缺口,你不想要它,它却如影随形。

因此,对于生活中的缺失和不足,不妨宽心接受,放下无谓的苛求和比较吧,这样反而更能珍惜自己所拥有的一切。

人生是没有完美可言的,完美只是在理想中存在,生活中处处都有遗憾,这才是真实的人生。事实上,追求完美的人是盲目的。"完美"是什么?是完全的美好。这可能吗?"凡事无绝对",哪里来的"完全"?更不要提"完美"了。既然没有"完美",那又为什么要去寻找它呢?

## 重振旗鼓,选择了就不后悔

人们常说:命运无常,它似乎也有脾气和性格,总会出人意料给大家带来惊喜,也会毫无预兆地给我们带来灾难。我们总是喜欢惊喜带给我们的快乐,却无法承受灾难带给我们的痛苦,而痛苦一旦占据我们的心灵,就会让我们失去快乐,永远生活在它的阴影里。

这句话在告诫世人,当厄运或不公正的待遇降临到人们头上时,如果无法改变它,就要学会接受它、适应它,并做到重振旗鼓,重新上路。

富兰克林·德拉诺·罗斯福总统39岁时,一场高烧使他染上了小儿麻痹症。这突如其来的灾难差点把他打垮。开始他不肯接受这一残酷而不容改变的事实,不断做着一些无谓的挣扎,结果带给他的是一个又一个无眠的夜晚。终于在经过一段时间的自我斗争后,他无奈地接受了现实。开始以顽强和乐观的态度适应它。他下肢瘫痪并从此终生与支架和轮椅相伴,他把这场飞来横祸当成与上帝早已预定的命运之约。生理的残疾没有使他性格乖戾和愤世,反而在此后生

命中的各个时段里,使他以乐观和坚强赢得了那些政敌的肯定。

尘世之间,变数太多。事情一旦发生,就绝非一个人的心境所能改变。伤神无济于事,郁闷无济于事,一门心思朝着目标走,才是最好的选择。相反,如果跌倒了就不敢爬起来,就不敢继续向前走,或者就决定放弃,那么你将永远止步不前。

放下悲伤,接受现实,才能重新起航。朋友,别以为胜利的光芒离你很遥远,当你揭开悲伤的黑幕,你会发现一轮火红的太阳正冲着你微笑。请用一秒钟忘记烦恼,用一分钟想想阳光,用一小时大声歌唱,然后,用微笑去谱写人生最美的乐章。

人生之路,就如细流入海,不会是一帆风顺、一路坦荡,总是要经历风风雨雨、坎坎坷坷。那些成功的人在面对人生低谷的时候,总是能够心底坦然,不会屈服于挫折,而是勇于做一个承受痛苦、奋斗不息的人,以百折不挠的精神,继续奋力前行。

事实上,人们驾驭生活的能力,是从困境生活中磨砺出来的。和世间任何事件一样,苦难也具有两重性。一方面它是障碍,要排除它必须花费更多的力量和时间;另一方面它又是一种肥料,在解决它的过程中能够使人更好地锻炼提高。

我们每一个人都应该记住:逆境总是吞噬意志薄弱的失败者,而常常造就毅力超群的事业成功者。磨难是魔鬼,它夺走了你的光明;磨难也是天使,它是一座深不可测的宝藏。要在逆境中赶走魔鬼、拥抱天使,最重要的就是坚韧。

## 在积极中进取,勿在不满中怨天尤人

生活中,我们每个人,都希望万事如意,然而,万事如意只是一种美好的祈愿,没有十全十美的人生,所以有时候遗憾也是一种美。面对遗憾,我们是否可以潇洒地一笑而过,接受现实,珍惜当下?笑纳遗憾,才是人生的一种大

智慧。

然而,总有人一味沉溺在已经发生的事情中,不停地抱怨,不断地自责。这样一来,将自己的心境弄得越来越糟。这种对已经发生的无可弥补的事情不断抱怨和后悔的人,注定会活在迷离混沌的状态中,看不见前面一片明朗的人生。之所以这样,是因为经历的磨炼太少。正如俗语说的那样:天不晴是因为雨没下透,下透了,也就晴了。

曾经有一对孪生兄弟,哥哥叫伊恩,弟弟叫杰森,兄弟二人帅气十足,但命运是不公的,他们遭遇了一场火灾事故,所幸消防员从废墟里扒出了他们兄弟俩,他们是那场火灾中仅幸存下来的两个人。

醒来后,兄弟俩早已面目全非。弟弟杰森无法接受眼前的现实,无法活下去的念头从他的思想走进了他的潜意识,他总是自暴自弃地重复着一句话:"与其这样还不如死了算了。"于是,最终,他偷偷服了50片安眠药,离开了人世。

伊恩十分痛苦,但他仍然一次次地暗示自己:"我生命的价值比谁都高贵。"后来,他当了一名货车司机。

一天,伊恩仍像往常一样送一车棉絮去加利福尼亚州。天空下着雨,路很滑,他把车开得很慢。此时,他发现不远处的一座桥上站着一个人。伊恩紧急刹车,汽车滑进了路边的一条小水沟里。他还没有靠近那个年轻人的时候,年轻人已经跳进了河里。年轻人被他救起后还连续跳了三次,最后一次伊恩自己差点被大水吞没。

后来伊恩才知道,他救的是位亿万富翁。亿万富翁感激伊恩给了他第二次生命,并和伊恩一起干起了事业。伊恩从一个积蓄不足10万美元的司机,凭着自己的诚信经营,发展成了一个拥有3.2亿美元资产的运输公司的董事长。几年后医术发达了,伊恩用挣来的钱整好了自己的面容。

一对孪生兄弟,为什么命运如此不同?因为他们的心态不同。面对毁容,弟弟杰森无法接受,选择自杀结束了自己的生命,而伊恩却始终提醒自己,自己的生命比谁都高贵。伊恩努力活了下来,后来,他用同样的信念救了一个轻生的名人,改变了其的命运。

著名哲学家苏格拉底说过:这个世界上有两种人,一种是快乐的猪,一种

上篇 解码情绪，认清人生的方向

是痛苦的人。意思就是说，这个世界上有许多人就希望享受，有一天过一天，今朝有酒今朝醉；但是渴望成功的每一个人都必须对痛苦做好准备，要获得幸福、获得快乐，对痛苦没有思想准备是很难实现的。

诗人惠特曼说："面对黑暗、风暴、饥饿、意外的挫折，我们应该像树木一样顺其自然。"接受现实，是我们走向乐观的第一步。积极进取是改变现状的必要条件，在诸事不顺的环境中，发现现实存在的合理性、点滴变通的可能性，才能坚定信念，迎接成功的到来。

## 懂得知足是最大的福气

"知足才能长乐"，芸芸众生都知道这个道理，但只有极少数人才能达到这个境界。所以，大部分人都不能感觉到生活的乐趣所在，相反，他们总是抱怨生活太苦，困难太多，命运太艰难等。其实，在短短的人生旅途中，人人都有所求，但没有人能够拥有世间的一切。人们所求各不相同，但万涓细流，终将汇聚成海，归根结底，他们所求的乃是快乐。世上没有比快乐更可贵更难得更为人们所普遍追求的东西了。

曾经有一个学者，他有一个梦想，那就是寻找到世界上最快乐的人。于是，他出发了，走了很远的路后，他发现，没有一个人说自己快乐。

这天，他终于见到了高高在上的皇帝，他看到皇帝的宝座金碧辉煌、一呼万应，他心想，皇帝应该是最幸福的人了，他便问皇帝："你一定是世界上最快乐的人了！"

皇帝愁眉苦脸地对学者说："我要是真的快乐就好了，我每天日理万机，要处理很多国家大事，要担心外敌的侵犯，要担心大臣造反……哎！我是世界上最不快乐的人！"

连皇帝都不快乐，那么，谁才是最快乐的人呢？学者很苦恼，于是，他垂头丧气地从皇宫里走出来，慢慢走着。经过一片荒林时，看见有人坐在一堆火

105

旁边，一边唱歌，一边烤着什么东西，他走过去一看是一个乞丐，他奇怪地问道："看样子你一定很快乐了！"乞丐答："我捡到了半根香肠，晚上不用挨饿了！我现在是世界上最快乐的人！"

看完这个故事，我们不禁感慨万千，大千世界，芸芸众生，每个人的生活方式、生活状况都不相同，自然对快乐的定义、理解以及追求都不一样：孩子们的快乐很简单，一袋小零食、一件衣服、一次好的考试成绩都能让他们快乐。恋人们的快乐在于浪漫的约会，甜蜜的语言，出则牵手同行，入则相拥相亲。中年人的快乐是儿成女就，事业有成。老年人的快乐则是宁静、安详、平和……但所有的快乐都是建立在对现有生活的满足上的，一个不懂得知足的人是永远不懂快乐的。

那么，我们该如何体会知足的幸福呢？

### 1. 比较法

比如，当你认为你的物质生活不满足时，当你认为房子不够大，当你认为你的车子不够豪华，当你为买不起 LV 包而焦躁时，你想过没有，还有多少和你同样的人却正在为房子忧愁，为明天的家庭开支担忧，为了一个几十元的包与店铺老板砍价？这样一比，你可能觉得自己其实是幸运的，也就不再为那些外在的物质生活而忧愁了。

### 2. 注重精神世界的充盈

细心的你也可能发现，那些爱看书、听音乐、旅游的人，他们看起来笑得更舒心，因为他们的业余生活是丰富的、充足的，他们不会为那些虚无缥缈的物质生活而烦恼，他们满足于现在的幸福生活。因此，丰盈精神世界是克制我们欲望的良好方式，比如，你可以把周末逛街的时候拿来学习英语、练瑜伽、读名著等。

生命只有一次，而且时间有限。所以，每个人都应该珍惜自己的生命，在有限的时间里不要让自己太疲惫，要让自己过得快乐一点。快乐是人生最大的财富。

# 下篇

## 调整自身情绪,别让坏情绪阻挡你前行

# 第13章
# 解绑身心，远离疲乏的情绪旋涡

身处这个经济高速发展、节奏异常迅猛的社会，每个人或多或少都要承担着别人无法体会的压力。当我们独处时，收起早已僵硬的笑脸，只能暗自品味忙碌之后的疲惫，甚至没有气力再去回顾当初的设想，此时的我们，又该何去何从？停下奔波的脚步吧，给自己空出一段神清气爽的时间，去休息，去散心，去探索自己内心真正的愿景。当我们明白了自己真正想要的，学会了在工作与休息间游刃有余，神经不再紧绷、心中不再堆存情绪垃圾时，压力便无影无踪，身心也不再疲惫。这时，重新踏上征程的我们，便是无坚不摧的勇士。

## 学会自我调节，生活本就绚烂多姿

生活是简单、单调并且现实的，我们并不是活在锦衣玉食、花团锦簇中，我们必须为生活、为家庭、为事业奔波，很多时候，我们真的累了。而其实，只要我们懂得调节自己，就能为简单的生活添点彩。

在他人看来，刘云应该是个很幸福的女人，她家庭和睦，丈夫事业有成，她每天都有大把的时间做美容、逛街。但谁又知道全职太太的烦恼呢？即使把所有的名牌都买回家，也不能填补内心的空虚；即使打扮得再漂亮，丈夫

也没时间多看一眼。更为烦躁的是,她每天的生活太简单了:早上7点钟起来,准时为丈夫和儿子做早饭;8点钟送丈夫出门;中午11点,她开始为自己做午饭;下午3点钟,喝下午茶、做美容;5点钟,开始为丈夫和儿子准备晚饭。

其实,这样的生活已经五年了,但最近刘云觉得内心特别焦躁,她在想,如果人生剩下的几十年都要这么活下去的话,那该多悲哀?

后来,刘云的一个姐妹劝她:"你现在还年轻,手上也有资金,为什么不自己开个小店呢?"

"开什么店好呢?"刘云问。

"宠物店啊,你不是最喜欢那些猫猫狗狗的吗?再说,你住的是别墅区,周围都是有钱人,肯定能挣到钱。"

朋友说得对,刘云将自己的想法告诉了丈夫,谁知道,他竟然同意了。说干就干,刘云现在门店的生意十分红火,有了生意,自然也就有了干劲。

我们要有个好心态,用平和的心态去面对生活的平凡与简单,并努力让生活变得不单调,从而让自己享受持久的快乐。其实,平凡本身就是一种幸福,你需要做的是,体验一种平凡、持久的快乐。

因此,忙碌的人们,从现在起,不妨先善待自己,让自己的身心都偷一下懒吧。

(1)每天出门前将自己扮得干净、利落一点,然后照照镜子,对自己笑笑;

(2)每天睡觉前读点书,读书让我们的灵魂不再空虚;

(3)偶尔写写文字,将自己的心情记录下来;

(4)买适合自己的衣服,不要让衣服束缚你的身体;

(5)可以偶尔变换一下穿衣风格,换换自己的心情,也给别人一个惊奇;

(6)经常变换发型,当然要与服装搭配;

(7)交几个聊得来的朋友,在生活中遇到什么事情,他们能诚心诚意地给你提些建议;

（8）养几盆花草，悉心照料它们，当它们开出花儿的时候，你会很有成就感。

我们在生活中要学会自我调节，拿得起放得下。工作的时候认真地工作，玩的时候就尽情地玩。想打扮就打扮，想吃就吃，想睡就睡，随心所欲吧。人生在世难得几回醉？我们要学会善待自己，学会享受生活。

## 向目标前行，但别被目的所累

生活中，人们常开玩笑说："梦想很丰满，现实很骨感。"人活于世，我们都想留下点什么，但并不是所有人都能实现自己的梦想。甚至有一部分人，年少时他们虽有自己的梦想，但在不断的追梦过程中，经受不住来自外界的诱惑，逐渐被尘世中的名与利迷乱了双眼，并在名利中沉沦下去。当他们回首过去，却发现，自己已经远离当初的梦想了。

吴起是战国时代的名将，谋略超人，但同时也痴迷于名利。为了求名，他不择手段。曾经，为了赢得鲁国的信任，他竟然杀了与自己共患难、携带大量金银珠宝和自己私奔的妻子，就因为他的妻子是齐国人——齐国是鲁国的敌国。事后，他虽然成名，但不幸的是，却总遭小人暗算，三起三落。因求名而得名，他做到了；然而，盛名之下，其实难副，因名丧命，他最终失败了。

现代社会，类似于吴起的人并不少见。诚然，社会竞争之激烈要求我们不断充实自己，否则，将会被社会淘汰，但如果一味地以追名逐利为目的，那么，在不断的追逐中，我们终将失去自我而成为名利的奴隶。因此，我们需要常常自省，检查自己的行为与思想是否偏离了人生的轨道。

那么，生活中的人们该如何以正确的心态提升自己呢？

### 1. 为自己制订一个合适的计划和目标

不追名逐利，并不意味着我们要庸庸碌碌，放弃自己的梦想。的确，任何人都有梦想，但并不是所有人都实现了梦想，这其中一个重要原因就是他们没有规定自己要在一定期限内完成自己的目标。于是，随着时间的推移，这些人的梦想只能逐渐搁浅。我们常说没有做不到，只有想不到。也就是说，没有不合理的目标，只有不合理的期限。所以，在设立目标的同时，一定不能忘了为自己的目标设定一个期限。

比如，如果你的目标是要完成一本书的写作，但你并没有给自己一个期限，那么，你就会不断给自己找借口，不断拖延下去，直到生命的终结。而如果你给自己设定一个期限，比如一年，或者两年、三年，那么，你就会按照这个期限来约束自己，在规定的时间内完成。

当然，设置的这个期限需要有一定的紧迫性，并具有合理性。这样才能鞭策我们。

### 2. 经常为自己充电

"活到老，学到老"，是现代人必须有的理念。无论是拿出业余时间去深造，还是在工作中不断学习，我们都应该展开思索与行动，为自己做好职业定位，量身打造一个充电计划，由此才能拥有纵横职场的能力。

### 3. 常自省

你是否因为周围人升迁、获得财富而触动？你是否为了赶超他们而采取过行动？你是否想一夜暴富？如果有这样的想法，你最好停下脚步，告诫自己，不要迷失了人生的方向。那么，你定能潇洒地看待人生。

人说，人生路漫漫，人生路奇妙，因为各种突如其来的选择，使我们与许多本来有缘的道路绝缘，走上原本没有关系的道路。你需要做的是，选择正确的人生道路，赶快企划自己的人生，永远给自己一个新的机会，才能离属于你的舞台越来越近！

赢在情绪

# 激发自己的兴趣就会减少疲累

我们可能都有这样的经历：学生时代，偶尔会上课打瞌睡，其中一个重要原因是我们对那门功课不感兴趣。同样，当我们对自己所做的工作不感兴趣时，也会感觉到疲惫，无精打采，业绩差甚至没有业绩。

的确，工作不仅为我们提供了生存的机会，还让我们找到了自己在社会中的价值。但事实上，并不是所有人都能认识到这一点，我们经常看到，一些人或因为报酬不理想而放弃现在的工作，或为了一个薪资更好的工作而放弃快乐，或在现有工作上"做一天和尚撞一天钟""得过且过"；他们工作的目的就是为了领取每月按时发放的薪水。你是否想过，你工作得快乐吗？

失去工作就等于失去快乐。工作能给你带来乐趣，而不是金钱。因此，要为自己工作，做一行就要爱一行。

下面的四个步骤能帮你反省是否知道自己在做什么，试用一点点时间来思考一下，也许你会为你所发现的真相感到惊讶。

## 1. 保持良好的精神状态，迎接每一天的工作

你要确立并始终保持不甘落后、积极向上、奋发有为的精神状态，清醒地认识自己肩负的责任，切实增强时不我待、只争朝夕的紧迫感，树立强烈的事业心和进取意识。如果把所从事的工作只当成一个混饭吃的营生，那么，你就很难有工作积极性，也就很难做好工作。

## 2. 不要只把注意力放在金钱上

钱是赚不够的，因此，我们不要把眼光只放在薪金的多少上，而是应该多关注自己创造的价值。工作带给你的成就感和满足感是超越金钱上的报酬的。

### 3. 找出你在工作上的重要价值

请思考：当初你为何接下这份工作？如果这只是一份临时的工作，你是否认真考虑过将来你真正想做的事是什么？然后再问你自己：因为我的加入，这份工作是否变得不一样？正确的价值观在个人成就感及福祉中扮演着重要角色。

检讨自己为何做现在的工作并不代表你不满意它，只是花些时间自省。这样的省察会使自我意识到工作的成就感，加强自我实现的意志，知道自己真正在做什么。

### 4. 敢于问自己：我做这份工作值得吗

如果在工作中，你根本发现不了自己喜爱的部分，正想尝试换另外一份工作，那么，你应该考虑一下，是不是因为以下原因：你是不是没找到在工作中努力的方向，而不是这份工作本身的原因？你是否喜欢工作中的自己？若答案为否，你能够做一些改变吗？或者，问题是出在工作本身？你是否要换到另一个部门工作？是否有其他责任使你无法完成该做的工作？所以，也许你只需要重新调整好焦距，审慎地进行选择。

当我们能做到为自己工作、为明天积累时，将拥有更大的挥洒空间，更多的实践和锻炼的机会。找到工作中的乐趣，能够让你在工作岗位上更主动更积极地处理各项事务，为自己不断开创新的机会和发展空间！

## 让家务生动有趣，为家庭生活添点色彩

但凡每个成家的人都有一种真切的感受，似乎总有做不完的家务事。他们永远像忙碌的小蚂蚁，不仅要为工作操心，还要为烦琐的家务劳神。其实，生活本就是烦琐的，家务更是永远也做不完的。若想让自己的身心轻松一些，就

**赢在情绪**

要学会在简单中寻求突变，让家庭生活多元化起来。

我们先来听听王女士的经验：

今天（周六）休班，恰逢小的上学老的上班，不用早早地起来做早饭、紧赶慢赶地做午饭了，可以享受下这难得的轻松和自在了。于是决定对自己纵容一下，赖一下床，不去做家务，而昔日的周六我都是蓬头垢面地埋在家务堆里整整一天的。赖床的感觉真好！但是没享受再次回笼，而是将笔记本搬到被窝里开始一通忙活，先是将空间的菜地收拾了，顺便偷点别人的东西，然后整理下相册，再然后开始了痴迷的五子棋。

看了下时间，将近11点了，不能再赖了。接下来，我把音响开了，听着轻松的音乐，开始拖地，发现这个做法还真不错，偌大的客厅一下子就搞定了。

到12点半的时候，家务活差不多做完了，我给自己煮了杯咖啡，我还是喜欢黑咖啡的味道……

其实自己对家务并无怨言，有时候觉得是一种乐趣，而且是当成玩儿来进行的。比如今天，一边收拾一边来了兴致拿着相机乱拍，今日的主要目标是我的绿萝。

作为一个主妇是不易的，尤其像我这样比较勤劳的主妇，要学会在适当的时候调适下自己。忙碌之余，为自己沏上一杯咖啡，端坐在自己的领地，悠闲地读上一本好书，或网上冲浪，也是一种惬意。

听完王女士的叙说，还觉得家务是一件令人犯愁的事吗？那么，如何轻松悠然地做家务？

### 1. 不要有心理负担

在做家务时，不要总督促自己："这么多事，今天必须要做完。"也没有必要把做家务当成是一件必须做的事，即使不做也没什么。可以转换一下想法：做家务是一件放松心情的事，可以让自己远离费心劳神的工作。这样，做家务的兴致便会油然而生。

### 2. 不要操之过急

既然家务并不是一件必做不可的事，那么，没必要图快，过多考虑做家务的速度和质量，只会让人容易产生疲劳感。为此，不妨听着音乐做家务，不仅不会觉得疲劳，还会觉得是一种享受；在闲暇时哼着小曲整理一下衣柜，可以把不再穿的衣服送给适合穿的人。看着孩子的小衣服还会想起孩子小时候的可爱，这也是一种精神享受；也可以在做完家务后为自己泡上一杯茶，犒劳一下自己。

### 3. 不必过分认真

有不少人对自己乃至家人做家务的质量总是不满意，比如，衣服没有洗干净、地没有拖干净等等，唠叨不休，这么一来，做家务还有什么意思呢？即使家务没做好，也不是什么违反原则的事，对此不必较真。

面对烦琐的家务，若我们能以一种闲适的心情来做，把它当成一种乐趣，那么，做家务就会成为我们放松心情的一种享受！

## 消除职场倦怠，别让工作成为负担

曾经在网络上有个被网友广为评价的帖子，内容是这样的。

"你最痛苦的事情是什么？"

"加班。"

"比加班更痛苦的事呢？"

"天天加班。"

"比天天加班更痛苦的呢？"

"义务加班。"

为什么这段话能受到网友们的热捧？很明显，因为它真切地传达了很多人内心对工作的情绪。如果你对这种情绪有同感就表明："倦怠情绪"正在你的

身体中蔓延。

小夏是一家知名化妆品公司的员工。在大多数人眼里，她是一个幸运儿——目前从事化妆品的市场推广工作，既和自己的专业对口，又与自己的兴趣相投。她已经在这个公司工作了整整7年。

7年来，小夏没有得到升职。目前的她觉得工作越来越没劲。她无奈地说："我每天都不想上班，就想着只要不出错就万事大吉了。虽说我曾为了能实现自己的梦想付出了很多，但现在那种职业的成就感没有了。"

小夏的情况在职场白领中较为普遍。首先，为自己做一诊断，看看自己是否正在懈怠中。

（1）对工作开始缺乏热情，注意力不集中，对上级交代的任务提不起兴趣，工作时间延长，同样的工作需要花费更多的时间；

（2）经常会出现头痛、胃痛、肌肉酸痛等症状；

（3）开始莫名其妙地猜疑一些事情，比如老怀疑自己生病了，不停地去看医生；

（4）食欲缺乏，失眠；

（5）在工作中情绪不稳定，对人际关系敏感，遇事容易着急，一着急又容易发火。

以上5个选项，如果你有3种以上的症状，就要警惕了，你很可能已经成为一只可怜的职场"倦鸟"。

那么，如何才能解除这种职场倦怠感呢？

## 1. 科学规划职业生涯

先了解自己的特长、优点等，这样你才能寻找到适合自己的工作，并在工作中得到成就感和满足感；另外，你的职业前景也会变得明朗、开阔起来。

## 2. 端正自己的心态

工作并不只是为了获得每月定时发放的工资，工作更是一种自我价值与社会价值实现的过程，因此，我们每天都要带着感恩的、阳光的心态去工作。

### 3. 与你的同事、上司搞好关系

在工作中，与上司、同事的关系如何，直接关系到你在工作中的心情、工作效率等各个方面。

### 4. 不会休息的人同样不会工作

即使你再忙，也一定要保证每周至少一天的休闲时间，让自己从繁忙的工作中脱离出来。

所谓职业倦怠，指的是人们因为缺乏职业目标和规划，或者因为工作中出现某些问题、工作环境等方面的原因而导致的工作热情缺乏、工作效率下降的现象。

赢在情绪

# 第14章
# 喜欢自己，摒弃自卑的负面情绪

人生道路上，自卑是一种经常会出现的情绪，相信很多人都体验过，当我们内心渴求的称赞、成就、名誉、自我证明等方面，在付出努力而不可得时，自卑感便会悄然而至，它毁灭我们的自信，毁灭我们走向成功的机会和勇气。想要赶走自卑，方法十分简单。当我们不再执着于眼前或一时的得失荣辱，当我们真正看清自己拥有的优势和劣势，用一颗平和的心看待世界时，自信便已回到我们心中，世界便已在我们的掌握中。

## 修炼"厚脸皮"，别对小事太敏感

生活中，你是否曾经遇到过这样的场景：当你在电梯里遇到领导，好不容易鼓起勇气说："王主任，早上好！"但对方却可能因为没有注意到你而继续与其他人攀谈。此时，你该怎么办？自信者在这种情况下也会"厚起脸皮"，重拾信心，主动交往；而自卑者却会敏感多疑，认为对方漠视自己。

其实，你受到冷遇，对方也许不是在排斥你。而是因为对方的注意力暂时还没转移到你身上，或有其他一些客观原因。此时，你不必气馁，而应该继续积极主动与其交往。

彼得·戈德希密特是华盛顿区的一名律师，一次在《旧金山新闻》上看到

一篇对某个名人的采访,于是打电话给该名人,希望能探讨其中一些问题。该名人当时抽不开身,接下来几次,双方都没有达成约见事宜,而且该名人的态度也很冷淡。但是彼得仍然坚持给他打电话,后来,他们终于在圣地亚哥见了面。从那以后,他们就成了好朋友。

与此相似,演员查克·康纳斯在一次大学返校节游行上看到了他未来的妻子,打了六次电话后,她才最终答应赴约。鲁丝·芭吉的丈夫彼此刚认识时在给她打了30次电话后,他们才最终见面。

大多数在社会交往上很成功的人都积极地把别人拉入自己的生活中。他们经常采用的最重要的两种方式就是:主动与希望认识的人交谈,向希望作进一步了解的人主动发出邀请。即使受挫,依然愈挫愈勇!这需要我们做到以下几点。

### 1. 学会冷静思考

遇事,我们最好要学会把问题交给时间,时间是最好的冷却剂,不妨等几天后看看,究竟是怎么回事;如事情较急,可找比较信任的人问清楚。

### 2. 学会忍让

这个世界上不存在绝对公平的判决,在很多时候,某项决定可能利于某些人,而对另外一些人可能不利。此时,不妨学会后退一步,"知足者常乐"是很好的调节剂。

### 3. 改变心境,积极交往

大多数人习惯了在人际交往中充当接受者的角色,习惯了别人投来赞许的目光、送来微笑甚至是发出邀请,而他们遇到的大多数人也同样在等待,结果往往是谁也不认可谁。与这些被动等待的人交谈,常常会听到他们消极地抱怨"事情总是没有什么结果"。其实确切一点,他们应该责备自己为什么一旦受到挫折,受到冷遇,就不再愿意尝试。

毫无疑问,自信是人际交往中最重要的品质之一,只有自己相信自己,才能让他人相信我们。因此,当你在人际交往中受到冷遇时,请一定要在心里告

诉自己，你其实是个有趣、值得交往的人，并理出自己的优缺点与强弱处。这本身并不存在疑惑，只是你没意识到而已，当你想清楚这些以后，必能成功地自信起来。

## 丢掉自卑，发现自己的独特

我们身处一个开放和竞争的年代，人际交往越发频繁，要求我们拥有驾驭自我情绪的能力，然而，不难发现，在我们生活的周围，一些人时不时地会感到自卑，这样的人，即使有再多的才华，恐怕也难获得广阔的施展空间。心理学家说，自卑是一种消极的自我评价或自我意识，即个体会因为自己某些方面不如别人而产生一些对自己不信任的消极情感，而自卑感就是对自己的能力、品质、外貌等各个方面的评价都偏低的一种消极的自我意识。具有自卑感的人总认为自己事事不如别人，自惭形秽，丧失信心，进而悲观失望，不思进取。被自卑感所控制的人不仅看不到自己的长处，影响自身创造力的发挥，还会使正常的精神生活受到束缚。

社会心理学家经过跟踪调查发现，在人际交往中，心理状态不健康者，往往无法拥有和谐、友好和可信赖的人际关系，在与人相处中，既无法得到快乐满足，也无法给予别人有益的帮助，其主要原因就是他们无法做到正确的自我认知。

吴女士是我国恢复高考后的第一届大学生。用她自己的话讲，在学校学习乃至后来参加工作中，学习成绩和专业技能可以说都是同龄人中的佼佼者。可是她生性胆怯，怕与陌生人打交道，开口讲话就脸红。有时不得不随单位或丈夫参加一些社交活动，她却总是感到非常不自在。最让她感到难过的是，年初，单位要搞处级干部竞争上岗，其中一关是"施政演说"。她没有足够的勇气和胆量，最后只好放弃。

她的专业和资历绝不比别人差，然而就是这个由"胆怯、害羞"组成的自

卑拖了她的后腿！其实可以说，是她的"想法"拉了她的后腿。同时，心态不开放、想法单一也是造成她自卑的重要原因。

一般情况下，一个人的自我评价，往往是根据自己和他人的评价两个方面产生的，从而看到自己的长处和短处。然而，有的人在与他人比较的过程中，常拿自己的短处与别人的长处比，结果往往是令自己自惭形秽，越比越觉得自己不如别人，越比越泄气。只看到自己的不足，忽视自己的长处，久而久之就会产生自卑感。

自卑并不是一种情绪，而是一种长期存在的心理状态。有自卑心理的人在行走于世的过程中，其心理包袱会越来越重，直至压得自己喘不过气。它会让自己心情低落，郁郁寡欢。因为不能正确看待自己、评价自己，他们常害怕别人看不起自己而不愿与人交往，也不愿参与竞争，只想远离人群，因此他们缺少朋友，甚至自疚、自责、自罪；他们做事缺乏信心，没有自信，优柔寡断，毫无竞争意识，享受不到成功的喜悦和欢乐，因而感到疲惫、心灰意冷。

因此，要消除自卑感，首先就需要我们看到自己的独特之处。每个人都是完全不同的个体，没有任何人是一无是处的。自信是一种认知的开始，透过自我观照，才能了解自己的专长、能力和才华，这样，自信便会不断储备，自卑自然就逐渐消除了。

如果一个人在社会生活中，总是认为自己低人一等，没有价值，那么，他就会产生自卑感，做事缺乏胜任的信心，没有主动性和积极性，其结果是无论做什么事情都难以保证质量。

## 发挥长处，学会欣赏自己

我们常说"人无完人"，每个人都有自己的长处和优点，但现实生活中，并不是每个人都能认识到这一点，都能做到不怀疑自己，懂得欣赏自己的人更是少之又少。而自信是一种认知的开始，因为透过自我观照，才能了解自己的

专长、能力和才华。

姚颖从小就是个自信、大胆的女孩。大学毕业后，她进了一家电子公司的行政部门，做起了安安稳稳的文职工作。

有一次，公司开会，老总希望能从人员过多的行政部门调几个人到市场部门，他问大家的意见，结果谁也不肯站出来。因为他们都认为自己是"学院派"，科班出身，怎么能走街串巷、满脸堆笑地揽活呢？

这时，姚颖猛地站起来，自告奋勇地说："老总，我愿意！"因为她相信自己同样能胜任市场部门的工作，这远比在"毫无出息"的行政部门更能体现自己的能力。于是，她马上被调到业务部工作。对她来说，这是十分陌生的工作岗位，很多事情让她感到晕头转向。她必须迅速适应周围的一切，尽快建立自己的客户网络，才能扩大业务量。

姚颖开始走出办公室，主动和别人商谈合作事宜，了解市场上的价格与折扣。她成了个大忙人，不仅要负责业务部的大小事务，还要将自己对公司每一项产品进行实地调查的情况做成书面报告交给老总，以便公司开展下一步具体工作。

在业务部，姚颖工作四年了，如今的她，已建立了稳固的客户群，同时又让部门其他业务人员充分施展了自己的才干。他们团结合作，创造了前所未有的业绩，使公司上上下下都对她刮目相看，很快，她便进入公司的管理层。

这个职场故事中，姚颖顺理成章地进入了管理层，而当初和她坐在同一间办公室的同事还在从事原来的工作。她靠着自己的无所畏惧，勇于任事，才抢占到先机，让自己在竞争激烈的环境中脱颖而出，成为领导眼里的宠儿。

自信是对自己的高度肯定，是成功的基石，是一种发自内心的强烈信念。我们需要自信。无论在生活还是工作中，一个自信的人，常看到事情的光明面，既能尊重自己的价值，同时也尊重他人的价值。自信是个人毅力的发挥，也是一种能力的表现，更是激发个人潜能的泉源。为此，你需要做到以下几点。

### 1. 不断学习，让自己具有硬实力

在今天，素质决定着命运。当然，在具备这点后，你就要实事求是地宣传自己的长处、才干，并适当表达自己的愿望，这样才能让别人更加了解你，也能给予你更多机会。

### 2. 不断挑战自己

任何人，在这个快节奏、高效率的时代，要想脱颖而出，要想进步，就必须要做到不断挑战自己。要知道，一个人的能力是需要不断挖掘的，只要我们能相信自己，欣赏自己，摒弃自卑，就能在职场、事业上不断彰显自己的能力和价值。

在经济飞速发展的今天，各种机遇和挑战无处不在。我们不妨自信一点，给自己一个发挥长处的机会，初登舞台，放低姿态；站稳脚跟，慢慢发展；等到机会出现，就一定要大胆出击。有了这种敢于冒险、勇于迎难而上的精神，你才能够创造奇迹。

## 坦然面对缺点，反而让你更可爱

俗话说：金无足赤，人无完人。能否接纳自己是衡量一个人心理状况是否积极和健康的一项重要指标。生活中，很多人因为自己的一些缺点而感到自卑，甚至一蹶不振。但如果一个人足够自信而坦承自己缺点的话，那么，他会显得很可爱。

在一次盛大的宴会上，服务生倒酒时，不慎将酒洒到了坐在边上的一位宾客那光亮的秃头上。服务生吓得不知所措，在场的人也都目瞪口呆。而这位宾客却微笑着说："老弟，你以为这种治疗方法会有效吗？"宴会中的人闻声大笑，尴尬场面即刻打破了。

**赢在情绪**

借助"自嘲",这位宾客既展示了自己的大度胸怀,又维护了自我尊严,令人对其心生敬意。

现实生活中,我们会发现,那些高高在上、看似完美的人似乎没有什么朋友,人们也不愿意与之交往,这就是因为他们用完美给自己树立了一个光辉形象,反而让人敬而远之。

有研究表明:对于一个德才俱佳的人来说,适当地暴露自己一些小小的缺点,不但不会形象受损,而且会使人们更加喜欢他。这就是社会心理学中的"暴露缺点效应"。那么,人们为什么会对那些有缺点的人有更多的好感呢?这主要源于以下两点。

(1)人们觉得他更真实,更好相处。试想,谁愿意和一个"完美"的人相处呢?那样只会觉得压抑、恐慌和自卑。

(2)人们觉得他更值得信任。众所周知,每个人都有缺点,坦承自己的缺点可能会使人失望、难受一阵子,但经过这"阵痛"之后,人们对他的缺点会注意力下降,反而更多地注意他的优点,感受他的魅力。

与此相反,假如一个人为了给人留下好印象,总是掩盖自己的缺点,可能刚开始会让大家觉得他是个不错的人,可一旦缺点暴露后,就会使人们更加难以接受,并给人以虚伪的感觉。这正如一位先哲所说的那样:"一个人往往因为有些小小的缺点,而显得更加可敬可爱。"

生活中,尤其是作为领导和长辈的人常常认为:在与下属或晚辈交往中,应尽量向他们展示自己的优点,以便下属喜欢自己,从而使自己具有较高的威信。其实,这种想法是错误的,因为把自己装扮成"趋于完美的人",会让对方有种"可敬而不可即""可敬而不可爱""可望而不可即"的感觉,不是一群活生生的人,而只是一具具毫无瑕疵又不带感情的躯体,从而减少对其喜欢的程度。

"金无足赤,人无完人",生活中,那些"趋于完美""毫无瑕疵"并没有太多朋友的人,越是苛求完美,人际关系也越差,因为这些人虽然优秀,但不可爱。自己有缺点,最好的办法就是坦然地承认它。

下篇 调整自身情绪，别让坏情绪阻挡你前行

## 别活在比较中，勇敢做自己

人与人相处，难免会相互比较，比较之下，就容易发现不如别人的地方。"魔镜啊魔镜，谁是这世上最美丽的女子？"白雪公主的故事里，恶毒的王后总是一遍又一遍地重复这个问题。"既生瑜，何生亮？"喜欢攀比的人多半要发出这样的感慨，于是他们总是不能开怀。其实，手指各有长短，人与人更是各不相同，盲目攀比是我们不快乐的根源，也完全没有必要。

"这段时间，我觉得自己挺奇怪的，只要看到别人的得意之处，总会忍不住地与自己相比，结果一比，我发现自己是那么不如人。比如，放学之前，大家会交流自己的复习情况，如果听到有人说今天做了多少套题，记了多少知识点，或者记了多少单词，我就会内心莫名地恐慌，甚至有点恨对方，心中暗暗诅咒对方考不好。虽然知道这样的想法很不对，但我就是控制不住自己。难道我真的是一个很坏的人，忍受不了别人比自己强吗？"

这类想法恐怕很多人曾有过。心理学家指出，如果我们不能控制盲目比较的心理的话，轻则会影响到我们的心理健康，严重的甚至会让我们产生心理疾病。只有做到少一些比较，才能多一些开怀。那么，我们该怎样调节心理呢？

### 1. 通过自我暗示，增强自己的心理承受能力

自我暗示又称自我肯定，是一种调节心理的强有力的技巧，可以在短时间内改变一个人对生活的态度，增强对事件的承受能力。其具体方法表现为以具有鼓励性的语言、动作来鼓励自己。比如，当别人取得好成绩时，你也可以以"其实我也很好"之类的语句在心中鼓励自己，久而久之，盲目比较的习惯就会有所改善。

### 2. 尽可能地纵向比较，减少盲目的横向比较

比较分为纵向比较和横向比较。横向比较指的是将自己与他人比，而纵向

125

比较指的是将今天的自己和昨天的自己比，找到长期的发展变化，以进步的心态鼓励自己，从而建立希望体系，帮助自己树立坚定的信心。

### 3. 快乐之药可以治疗自卑

生活中，有痛苦也有快乐，快乐的人之所以快乐，是因为他们善于发现快乐的点滴。如果一个人总是想：比起别人可能得到的欢乐来，我的那一点快乐算得了什么呢？那么他就会永远陷于痛苦之中，陷于嫉妒之中。

### 4. 完善自己

一个人如果明白只有完善自己才能逐步提高的道理，就能转移视线，不仅会找到努力的动力，也会豁然开朗。

总之，知足常乐，少一些比较，多一些快乐，才是最佳状态！

比较是一把利剑，这把利剑不会伤到别人，只会伤害自己。它刺向自己的心灵深处，伤害的是自己的快乐和幸福。俗话说，"人比人，气死人"，没有原则没有意义的盲目比较会导致一个人心理失衡。如果你能挣脱比较的枷锁，活出不一样的自我，那么，快乐就会如影随形。

下篇 调整自身情绪，别让坏情绪阻挡你前行

# 第16章
# 战胜忧郁，远离抑郁症的危险边境

在这个各种各样压力从四面八方袭向人们的社会，"忧郁"已经成了部分人的一种常态。忧郁是一个隐藏的杀手，被它长久纠缠的人，无论身体还是心灵，大都受到很大的损害，以致无法像别人那样正常地工作、生活。鉴于此，一旦我们出先反应迟钝、闷闷不乐、兴趣索然等情况时，一定要及时调整自己的心态，找到合适的办法令自己走出消极情绪，以避免沦入忧郁的魔爪，罹患抑郁症。

## 用积极的心态解开抑郁的枷锁

生活中，当出现如下三大主要症状——情绪低落、思维迟缓和运动抑制的时候，一定要给予重视，这是抑郁的表现。抑郁会严重困扰患者的生活和工作，给家庭和社会带来沉重的负担，严重的还会导致抑郁症。它赶走一个人的积极情绪，使其丧失对周围人的爱。抑郁的人感到自己死气沉沉，缺乏生气，正如某个抑郁症患者所说的："我感到自己是一个空壳。"约15%的抑郁症患者死于自杀。有个抑郁症痊愈者曾经这样陈述自己的经历：

我从不认为自己很差，从整体上讲，我不认为自己很糟糕。但我觉得自己像"白开水"，感觉自己既不是很可爱也不是不可爱，觉得自己没有任何特别

的地方。小时候，我常受到父母的忽视。他们从未虐待过我，也没有关注过我。由于生活中没有人在乎我，这使我产生了空虚感。

很明显，如果我们长期被抑郁控制的话，生活将失去光彩。具体来说，抑郁有以下表现。

（1）大部分时间感到沮丧或忧愁；

（2）缺乏活力，总是感到累；

（3）对以前喜欢做的事情缺乏兴趣；

（4）体重急剧增加或急剧下降；

（5）睡眠改变巨大（不能入睡，长睡不醒，或很早起床）；

（6）有罪恶感或无用感；

（7）有无法解释的疼痛（但身体没有任何毛病）；

（8）悲观或漠然（对现在和将来的任何事情都毫不关心）；

（9）有自杀的想法。

那么，我们该怎样让自己走出抑郁的泥潭呢？

### 1. 淡化抑郁情绪

要改变这种状态，重要的是要认识到这是抑郁的自然反应。抑郁夺走了你的热情，不是你这个人本身缺乏热情，而是你所处的心理状态使然。一旦情绪改善，你的热情会自然复苏。但前提是，你要淡化抑郁情绪给自己带来的影响，要告诉自己：抑郁是可以摆脱的。

### 2. 塞翁失马，焉知非福

抑郁会让你深入反思和内省，治愈后的你可能会达到比以前更高的层次。所以，如果你抑郁了，不要认为自己是不幸的。

### 3. 制定目标，用自己的行为定义成功

我们在定义成功的时候，尽量不要牵涉他人的行为。也就是说，自己的行为哪怕是小小的进步，也是值得高兴的。比如，你很不喜欢与人交往，却约了

小李下班后一起喝咖啡。这种想法是不对的,因为这个目标能否实现取决于小李是否接受你的邀请。你可以控制自己的行为,但不能控制别人的行为。而你可以这样做:下班后,邀请小李一起喝咖啡。只要你开口邀请过,那你就成功了。至于小李的反应,那并不重要。

再看以上三条原则,找出你的原因所在,加以改正。相信你一定会战胜抑郁,生活得多姿多彩。

即使心情抑郁了,也不必担心,抑郁并不等同于精神分裂。你只要告诉自己,我的情绪感冒了,正在发烧,还会打喷嚏,现在很痛苦,但吃点药就会好的。

## 寻求朋友的帮助,远离抑郁

有人说,人生如同一次征途,我们独步人生,难免会遇到种种困难,困难面前,我们难免会悲观失望,甚至看不到一丝曙光,但如果能听到朋友们的鼓励和支持,我们就会重获力量,闯过难关。

专家曾研究过,人际关系不好,性格孤僻或跋扈、有缺陷,容易导致抑郁症,抑郁又会进一步使人际关系恶化,这是一种恶性循环。

小刘是一名品学兼优的学生,马上就要硕士毕业了,但他的心理一直都有解不开的结。毕业前,他终于向多年的好友敞开了心扉:

其实,以前我的人际关系很好,你也知道,直到现在,我的人际关系也不坏,所以,我一直比较乐观。只有一件事,我为此痛苦过,自卑过,就是自己是乙肝病毒携带者,担心自己即使念到硕士,还是找不到工作。我是从山沟里走出来的,怕父母失望。我一直认为,这是我经历过的最痛苦的事情了,没想到和另一件事相比,这根本不算什么。你知道,上星期我们班的李继出车祸了,居然一夜之间成了残疾人,我才发现,自己比他幸福得多。能跟你把这些心里话说出来,我心里舒服多了。

很多数据和事实一再说明了这样一个令人感到遗憾和痛心的现象：有心理障碍并想不开的人，大多数没有寻求过心理帮助。很多艺人之所以会选择自杀，就是因为他们有过重的心理压力而又不向朋友倾诉。生活中多数人回避自己的心理问题，不去勇敢地正视和面对它，没有积极地进行规范治疗，结果导致悲剧事件屡屡发生。

敞开心扉是抑郁症患者摆脱抑郁的关键。而抑郁症患者为什么很难做到这一点？因为他们有某种心理上的顾忌，他们不愿意承认自己有抑郁症，更别说积极主动地配合医生治疗。

很多抑郁者在患病后，会选择偷偷吃药而不公开病情，就是因为他们对抑郁症的认识不足，将它误认为神经衰弱、精神分裂。再加社会上一些人对患者投以冷眼或歧视，背后传播流言蜚语，让那些本已伤痕累累的心灵雪上加霜，不敢袒露自己的苦闷。

那么，我们该如何向朋友寻求帮助呢？

### 1. 寻找信任的朋友

只有信任的朋友才会为你保密，真心地帮你解开心结。

### 2. 不要为朋友带来困扰

你需要寻求帮助的朋友必须是内心坚强的人，如果他比你更容易产生抑郁情绪，那么，你只会为他带来困扰。

### 3. 必要时寻求心理医生的帮助

如果你觉得朋友并没有帮助你脱离内心的煎熬，那么，你应该说服自己，寻找心理医生来为你解疑答惑。

生活中，寻求心理治疗的患者多半有两种情况，一种是自己已经认识到问题的存在，自愿寻求帮助；另外一种是在爱人、朋友、父母的支持下寻求心理医生的帮助，这对于患者的治疗和恢复有很大益处。

了解抑郁，才能更有效地远离抑郁。越早去面对心理创伤，就会越早走出

下篇 调整自身情绪，别让坏情绪阻挡你前行

心理创伤的阴影。要摆脱抑郁，最重要的是与别人交流，敞开自己的心扉，才能找到病候，对症下药。

## 远离猜忌，用信任铸就快乐

我们不能否认，每个人都有疑心，这是一种在社会生活中自我保护的正常的心理活动，但所谓的自我保护，是相对于那些相交甚浅甚至是陌生人的，而对于自己的朋友，则应该以信任为基础。如果对待朋友处处设防，就是不正常的现象。

在我国，有个"疑人偷斧"的故事。一个人丢了斧头，在没有弄清事实真相以前，总是怀疑别人偷了他的斧子，在他眼里，别人怎么看怎么像小偷。当他找到斧子之后，才知道自己不疑错了。

"世间本无事，庸人自相扰"，问题的结点是自己的猜忌和多疑。

疑心不仅是对友谊的一种摧残，更是对心灵的一种折磨。杯弓蛇影的典故就是很好的例证。弓影投映在盛酒的杯中，好像小蛇在游动，饮者以为真把小"蛇"给吞下去了，越想越恶心，结果害得自己重病一场。这才是天下本无事，庸人自疑之。疑心太重，到头来自讨苦吃。

实际上，无端的猜忌属于心理不健康。多疑的人心胸狭隘，斤斤计较，患得患失，眼里总是坏人比好人多，所以朋友很少，更无至交。他们思想飘忽不定，心无主见，容易受人挑唆，无中生有，怀疑一切。由于心理不健康，往往生出许多事端，自己给自己制造麻烦，事后又常常后悔不迭。

那么，如何赶走人际交往中的猜忌心理呢？

### 1. 理性思考，不无端猜疑

当你发现自己在猜疑一件事或者一个人时，不妨打断一下自己的思维，问

**赢在情绪**

一问自己，为什么要猜疑？这样做对吗？如果怀疑是错误的，有哪几种可能发生的情况？在作出决定前，多问几个为什么是有利于冷静思索的。

### 2. 发现自己的优点，增强自信心

每个人都不是完美的，有优点自然也有缺点，但我们不要一味地盯着自己的缺点看，这样只会让自己灰心丧气。发现自己的优点，能帮助培养自信心、历练自己的能力，在获得成就后，会更有信心地生活。

### 3. 从心理上根除猜疑

行为总是在执行心理的动态，从心理上根除猜疑，行为也就能与之决裂。要告诉自己，那个我不喜欢的人并不是坏人，我只是放大了他的缺点，没看到他的优点而已。长期这样的心理斗争，必能让你根除猜疑。

### 4. 增强自我调节能力

人生在世，我们不可能让每个人都称赞我们，对于别人对自己的评价，我们不必猜疑。但丁有一句名言："走自己的路，让别人说去吧。"要善于调节自己的心情，不要在意他人的议论，该怎样做还是怎样做，这样不仅解脱了自己，而且产生的怀疑也烟消云散。

### 5. 多沟通，解除疑惑

在人际交往中，彼此之间会有一些摩擦或误解，这也许是由于理想、观念的不同导致态度不同，也有些猜疑来源于相互的误解。这些情况，应该通过适当的方式予以解决，比如，两个人坐下来交流。通过谈心，不仅可以使各自的想法为对方所了解，消除误会，还能避免因误解而产生的冲突。

猜忌问题的根本在自己，只有不断地战胜自我，才能放下多疑心理。战胜自己的狭隘，就会心怀坦荡开朗；战胜自己的偏激，就会理智处事；战胜自己的浅陋，就会多一些宽容；战胜自己的孤僻，就会多一些友谊。这样不断战胜自我，才会迎来美好、和谐、舒畅、顺达的人生。

## 远离孤僻,让朋友带给你快乐

我们生活的周围,有这样一类人:他们因容貌、身材、修养等方面的因素而不敢与周围的人交往,逐渐产生孤僻心理。社会心理学家经过跟踪调查发现,在人际交往中,那些心理不健康者,相对于那些健康者,往往难获得和谐的人际关系,也无法从这种关系中获得满足和快乐。

一般来说,孤僻心理都有以下几个表现。

### 1. 太过冷静

理想的心理状态应该是乐观的、积极的、稳定的,不会因琐事忧心忡忡,也不会冲动莽撞。然而,不难发现,生活中有这样一类人,他们似乎总是以冷静和沉默来面对周遭发生的一切,其实,这是典型的孤僻心理。

### 2. 行为偏执极端

生活中,一些人遇到不顺心的事,就采取过激的行为来发泄,这也是孤僻心理的表现。

### 3. 意志品质欠佳

那些意志坚强的人,对自己的行为有一定的自制意识和调节能力,既不刚愎自用,也不盲目随从,在实践中注意培养自己的果断与毅力,经得起挫折与磨难的考验。

那么,如何消除孤僻心理呢?应注意做到以下几点。

### 1. 完善个性品质

其实,只要你拥有良好的交往品质,从恐惧中迈出第一步,就能得到朋友的喜欢,慢慢地,心结也就解开了。"人之相知,贵相知心。"真诚的心

能使交往双方心心相印，彼此肝胆相照，真诚的人能使交往者的友谊地久天长。

### 2. 正确评价自己和他人

孤僻的人一般不能正确地评价自己，要么总认为自己不如别人，怕被讥讽、嘲笑、拒绝，从而把自己紧紧地包裹起来，保护着脆弱的自尊心；要么自命不凡，不屑于和别人交往。孤僻者需要正确地认识别人和自己，多与他人交流思想、沟通感情，享受朋友间的友谊与温暖。

### 3. 培养健康情趣

健康的生活情趣可以有效地消除孤僻心理。利用闲暇潜心研究一门学问，或学习一门技术，或写写日记、听听音乐、练练书法，或种草养花等，都有利于消除孤僻心理。

### 4. 学习交往技巧

多看一些有关人际交往的书籍，多学习一些交往技巧，把这些技巧运用到人际交往中。长此以往，你会发现，你的性格会越来越开朗，你的人际关系也会越来越好，同时，你会收获不少知识，认知上的偏差也能得到纠正。

人生是精彩的，但一个人是寂寞的，一个人的世界并不精彩，那么，何不敞开心扉？

## 患得患失让自己无法自拔

一位作家曾说："世界上最可怜又最可恨的人，莫过于那些总是瞻前顾后、不知道取舍的人，莫过于那些不敢承担风险、彷徨犹豫的人，莫过于那些无法忍受压力、优柔寡断的人，莫过于那些容易受他人影响、没有主见的人，莫过

下篇 调整自身情绪，别让坏情绪阻挡你前行

于那些拈轻怕重、不思进取的人，莫过于那些从未感受到自身伟大的内在力量的人，他们总是背信弃义，左右摇摆，最终自己毁坏了自己的名声，最终一事无成。"

有一个年轻人，长相帅气，为人厚道，但就是有个缺点，做事优柔寡断，就连追女孩子也是如此。

一天，他很想到他的恋人家，找他的恋人出来，一块儿消磨一个下午。但是，他又担心，不知道应不应该去，恐怕去了之后，或者显得太冒昧，或者他的恋人太忙，拒绝他的邀请，但不去按门铃吧，又很想念他的恋人。于是他左右为难了老半天，最后，勉强下决心去了。

但是，当车一进他恋人住的巷子时，他就开始后悔不该来：怕这次来了不受欢迎，怕被恋人拒绝，甚至希望司机把他现在就拉回去。车子终于停在他恋人家的门前了，他虽然后悔来，但既然来了，只得伸手去按门铃，现在他只希望来开门的人告诉他："小姐不在家。"他按了一下门铃，等了3分钟，没有回应，勉强自己按了第二次，等了2分钟，仍然没有回应，于是如释重负地想："全家都出去了。"

他带着一半轻松和一半失望回去了，心里想，这样也好。但事实上，他很难过。

其实，他万万没有想到的是，他的恋人就在家里，这个女孩从早晨就盼望他会突然来找她，带她出去消磨一个下午。她不知道他曾经来过，因为她家的门铃坏了。

故事中，这个年轻人如果不是那么患得患失、瞻前顾后，如果他像别人一样因事来访，按电铃没人应声就用手拍门试试看的话，他们就会有一个快乐的下午了。但是他并没有下定决心，徒劳往返，让他的恋人也黯然失望。

美国斯坦福大学的一项研究表明，人大脑里的某一图像会像实际情况那样刺激人的神经系统。比如，当一个高尔夫球手击球前一再告诉自己"不要把球打进水里"时，他的大脑里往往会出现"球掉进水里"的情景，而结果往往如头脑中的图景那样，球大多会掉进水里。

那么，我们该怎样克服患得患失的心态呢？

**赢在情绪**

### 1. 摘掉假面具

与人交往，坦白自己的感受、承认自己的不足，会让你觉得更轻松，也会让他人觉得你更可爱。越是掩饰不足，越会让你紧张，并且使自己看起来很虚伪。坦白是把双方距离拉近的有效方法。

### 2. 化焦虑为力量

一般来说，我们对成功的渴望越强，就越容易焦虑，而要克服这一点，我们可以反过来看这个问题，让情绪来帮忙，这被心理学家称为"积极性重构"，即以不同角度来看问题——从好处看，而不是从坏处看。当你对自己有信心、具有表达自己感受的勇气时，就能把自己的焦虑减轻，使之化为力量，从而坚强起来。

### 3. 专注事情本身，淡化焦虑

如果太注重成功，结果往往会失败。只有注重事物本身的特点及规律，专心致志地去做，你才会收到意想不到的效果。

我们越是太过于专注某一件事情，越是很难做好。许多感觉实在难以完成的任务，心里不去想了，以平常心去对待，往往却又轻而易举地完成了。

下篇 调整自身情绪,别让坏情绪阻挡你前行

# 第16章
# 鼓足勇气,让悲痛忧伤一去不复返

痛苦、悲伤,种种不良情绪往往会令人身心不堪而又不知如何挣脱。其实,只要我们坚强一点,自信一点,认定目标,鼓足勇气站起来,便会发现痛苦其实只是粘在衣服上的泥土,虽然不易清理,但只要方法得当,我们的衣服又可以变得光洁如新。如果只知坐在原地等待泥土自己褪去,或是一味地手足无措、为了既定事实而烦恼,我们注定无法继续前行。

## 向前看,让痛苦成为永远的过去式

人生如变幻莫测的天空,刚才还晴空万里,转眼间阴云密布、倾盆大雨。但这些都是上一秒发生的事,人要向前看,不管过去多么悲伤失意,过去了的总归过去,只有向前看,才会有希望。

有如下这样一篇日记:

刚开始的几天,心里面真的很难受。我是一个很固执的人,认为自己再也走不出记忆了。现在我都不太清楚那些天是怎么样过来的,曾经我强迫自己去忘掉,可是越是这样,那些画面在我的脑中越清晰。悲伤、难受这些词根本无法诠释我当时的心情。也不知道是从什么时候开始,我接受了这个事实,不再刻意地去想以前,我努力地生活,努力地让自己快乐。我关心着身边的每一个人。

渐渐地，自己走出来了，偶尔听别人提到他，也忍不住去关心一下他，但是我知道这已经与爱情无关了。

恐怕很多人在爱情路上曾受过伤，也有过这样一段"疗伤"的经历。

人活于世，谁都不愿提起和想起的伤心往事，被人们称为"旧伤"。它不像电脑程序一样可以被删除、剪切，只能靠我们自己来修复。那么，我们该怎样从心理的角度"修复"那些旧伤呢？

### 1. 不要强迫自己去忘记某件事情，把一切交给时间

忘记任何一件痛苦的事，都需要一个过程。因此，即使有时偶尔会想起它，其实也无妨。当你想起它时，你可以对自己说：那都是过去，看我现在多快乐啊！相比过去而言，现在的我是多么地幸福啊……人要往前看，往好处想，这样，随着时间的流逝，那些过去也就真的成为"往事"了。

### 2. 转移注意力，不给"旧伤"复发的空隙

你可以从现在起把你的时间排满，做一点别的事情来转移自己的思想。打开你的生活圈子，关心你的朋友、你的亲人。这样你会觉得快乐，淡忘那些痛苦的回忆。

### 3. 找到适当的发泄方式

你可以试着找真诚的朋友听你诉说心里的苦闷，多听听他人的意见，多从积极乐观的角度去想事情，微笑着看待生命中的每件事。同时，你也可以尝试其他适合自己的放松和发泄方式，比如逛街、欣赏音乐、跳舞、跑步、看书等。

可见，乐观豁达的态度，无论对于我们自己，还是生活在我们周围的人，都能带来积极的情绪、带来成功。思维心理学专家史力民博士指出："乐观是成功的一大要诀。"他说，失败者通常有一个悲观的"解释事物的方式"，即遇到挫折时，总会在心里对自己说："生命就这么无奈，努力也是徒然。"由于常常运用这种悲观的方式解释事物，无意中就丧失了斗志，

不思进取了。

笑对人生,生活不会亏待每一个热爱它的人。生命是一次航行,自然会遇到暴风骤雨,那么,我们该如何驾驶生命的小舟,让它迎风破浪,驶向成功的彼岸?这需要勇气,需要以一种平常心去面对!

## 别被忧伤的眼泪迷蒙住了双眼

红尘滚滚,荆棘丛生,人生的道路曲折而漫长。苦难是生活的一面,烦恼与痛苦相伴,应运而生的是种种困惑。如何面对人生的困惑?毛主席赠柳亚子诗曰:"牢骚太盛防肠断,风物长宜放眼量。"意思是说,对待困惑,眼要看得远,心要想得开,做到不疑不愁不怒,豁达乐观。这样,困惑才能烟消云散,我们也才能积极地去迎接生活中的每一天。

著名潜能开发大师迪翁常用一句话来激励人们进行积极思考:"任何一个苦难与问题的背后,都有一个更大的幸福!"这是他的招牌话。他有个可爱的女儿,由一场意外,让这个可爱的小女孩失去了小腿,当迪翁从韩国赶到医院的时候,他第一次发现自己的口才不见了。

女儿察觉到父亲的痛苦,笑着告诉他:"爸爸!你不是常说,任何一个苦难与问题的背后,都有一个更大的幸福吗?不要难过呀!这或许就是上帝给我的另一个幸福。"迪翁无奈又激动地说:"可是!你的腿……"女儿非常懂事地说:"爸爸放心,腿不行,我还有手可以用呀!"

听了这样的话,迪翁虽有几分心酸,可也欣慰不已。

两年后,小女孩升入中学,她入选垒球队,成为该队有史以来最厉害的全垒打王!因为腿,她不能走路,就每天勤练打击,强化肌肉。她很清楚,如果不打全垒打,即使是深远的安打,都不见得可以安全上垒。所以唯一的把握,就是将球猛力击出底线!

如果我们面对失去小腿的情况,大概会终日以泪洗面吧,而这个乐观积极

的小女孩，即使遭遇这样的痛苦，依然展现给所有人微笑，这主要是因为她父亲的那句话"任何一个苦难与问题的背后，都有一个更大的幸福"鼓励了她，于是，再大的灾难，在她面前也变得渺小起来。

有一位虔诚的作家，在被人问到该如何抵抗诱惑时回答说："首先，要有乐观的态度；其次，要有乐观的态度；最后，还是要有乐观的态度。"

一次，孔子带着学生去郊外散步，看见一位老者在田里捡麦穗，还哼着小曲，子贡问道："老伯，你这么大年纪，还在田中捡麦穗，真可怜啊，怎么还唱歌呢？"老人笑着说："我的快乐在你们心里是忧虑，我虽然贫穷，但我心安理得，所以我没有烦忧，心里有的只是欢乐的歌。"人遇困惑，如能想得开，拿得起，放得下，最为可取。北宋大文学家苏轼后来被贬到海南时，赋诗曰："参横斗转欲三更，苦雨终风也解晴。云散月明谁点缀？天容海色本澄清。空余鲁叟乘桴意，粗识轩辕奏乐声。九死南荒吾不恨，兹游奇绝冠平生。"这是何等的洒脱大气、磊落胸怀，又是何等的豁达乐观！

因此，生活中的人们，无论命运把你抛向何种险恶的境地，都不要被忧伤的眼泪迷住双眼，而应该毫无畏惧，用你的笑容去对付它！如果你能正确地看待挫折，那么，或许你能找到一个新的起点、新的角度，发现是什么使得你裹足不前。

一个乐观开朗的人，无论面对什么样的生活，都有能力重新开始，即使在地狱中，也能重新走入天堂。对于任何一个人来说，这是比什么都重要的财富。

## 坚强一点，在挫折中重塑自己

有人说，人可以分为两种：神采奕奕型和沮丧忧烦型。神采奕奕型的人生活得幸福而自信，脸上总是挂满笑容，让周围的人感到温暖，时常给人以鼓励和信心，让人充满激情和斗志；而沮丧忧烦型的人常常自怨自艾，眉宇间总是

有些忧愁,心中总是挂满自卑和失落,让接触的人莫明地滑入消极和伤感的深渊。这两种人其实也就是乐观者和悲观者。很明显,乐观者让人快乐而自信,消极者让人低沉而忧伤。试问你更愿意做哪种人?当然是前者。

人有悲欢离合,月有阴晴圆缺。人生无常,没有谁能保证前方的路总是平平坦坦,遇到些挫折和磨难在所难免。在挫折中学会坚强,才能更好地感知生活,拥抱生活,创造生活,享受生活。

坚强是一种勇气和品质,更是一种理智和智慧,它告诉我们如何去享受生活,如何去调节自己的心情,找到让自己更快乐的秘籍。面对挫折和磨难,我们不应该过分沉迷于痛苦和悲伤之中,更不应该迷茫或迷失方向。现实生活中,经历些风雨,遇到些磨难,遭受些挫折,都是很平常的事。若因一时受挫而放大痛苦,灰心丧气,自卑绝望,自弃沉沦,将会错失良机、终生遗憾。

一定要扫除内心的阴霾。其实,日常生活中保持良好心情的"砝码"就在你的手中。

### 1. 转移情绪

当遇到一些会使你心里不稳定的事的时候,你应迅速把注意力转移到别的方面,这样很快就会把原来的不良情绪冲淡以至赶走,使心情恢复平静和稳定。

### 2. 宽以待人

人与人之间总免不了有这样或那样的矛盾,朋友之间也难免有争吵、有纠葛。只要不是大的原则问题,应该与人为善、宽大为怀,绝不能有理不让人、无理搅三分,更不要为一些鸡毛蒜皮的小事争得脸红脖子粗,伤了和气。

### 3. 忆乐忘忧

生活中,有乐事也有忧事,对此应精心筛选,不能让那些悲哀、凄凉、恐惧、

忧虑、彷徨的心境困扰我们,要经常忆乐忘忧,切不可让阴影笼罩心头,失去前进的动力。

做到以上三点,我们就能保持稳定、健康、快乐的心情。

在苦难、挫折、失败面前,我们不必怨天尤人、自怨自艾,而应该坚强一点,在坚强中锤炼自己的情操和心灵,淬炼自己的毅力和品质。不妨把挫折当成一缕清风,让它从你耳边轻轻地吹过;把痛苦当成落入眼中的尘埃,眨一眨眼,流一滴泪,就足以将它淹没;至于苦难,不过是人生的一个小插曲而已!

# 哭出来,释放心中的苦楚

生活中,我们发现,一个人在心情不好的时候,周围的人都会劝道:"没事,笑一笑。"很少有人劝其"哭一哭"。实际上,真正能起到释放人内心压抑情绪的方法是哭泣,而不是微笑。

心理学家曾经做过这样一个实验:有这样一群人,将他们分成两组,一组是血压正常者,一组是高血压者,心理学家分别问他们是否哭泣过,结果表明,血压正常者中有87%的人偶尔有过哭泣,而那些高血压者说自己从不流泪。这里,我们发现,让情感抒发出来要比深深埋在心里有益得多。我们再来看下面一个故事。

袁先生原本有个美满的家,有个美丽的妻子,但就在他30岁那年,厄运降临了:刚怀孕五个月的妻子在家中滑了一跤而流产,后来,被诊断出不孕症,整天郁郁寡欢的妻子不久在一次交通意外中丧生。一段时间下来,袁先生早已心力交瘁,但他还是坚持努力工作,并担任了几个小公司的兼职顾问。虽然很劳累、很操心,甚至很压抑,可他从未流过一滴泪,朋友都夸袁先生是个硬汉!

后来,袁先生感觉自己的头总是很疼,开了一些止痛药也无济于事,朋友

推荐他去求助心理医生。心理医生告诉他，他内心的悲痛压抑得太久了，如果想哭，就哭出来。在医生的建议下，他将许久以来心中的苦楚全部以泪水的形式宣泄出来，整个人也轻松了很多。

长时间以来，人们都认为哭会对人的健康有害，然而科学家的实验与研究却给了我们一个迥然不同的结论：哭对缓解情绪压力是有益的。

心理学家克皮尔曾经对137个人进行调查，并将这些人分成健康和患病两个组。患病组内的人患的都是与精神因素有密切关系的病——溃疡和结肠炎。调查发现，健康组的人哭的次数比患病组的人多，而且哭后自我感觉较哭之前好了许多。

接下来，克皮尔继续研究。他发现，人们在情绪压抑时，会产生一种活性物质，这种物质对人体是有害的，而哭泣会让这些活性物质随着泪水排出体外，从而有效降低了有害物质的浓度，缓解了紧张情绪。有研究表明，人在哭泣时，其情绪强度一般会降低40%。这解释了为什么哭后的感觉要比哭前好了许多。

美国生物化学家费雷认为，人在悲伤时不哭有害健康，属于慢性影响。他的调查发现，长期不哭的人，患病率比哭的人高一倍。

因此，我们可以得出一个完全肯定的答案：哭是有益健康的。由情绪、情感变化引起的哭泣是人的正常反应，我们不必克制，尤其是心情抑郁时，也不可故作坚强、强忍泪水，那样只会加重心理负担，甚至会憋出病来。负面情绪会让神经高度紧张，当这种紧张被长期压抑而得不到释放时，便会集聚起来，最终导致神经系统紊乱，久而久之，会造成身心健康的损害，导致某些疾病的发生与恶化。哭泣则能提供一种释放负能量、缓解心理紧张、解除情绪压力的发泄途径，从而有效避免或减少此类疾病的发生。

我们应该看到哭泣的正面作用，它是一种常见的情绪反应，对人的身心能起到有效的保护作用，因此，当你遇到某种突如其来的打击而不知所措时，不妨先大哭一场，不要害怕别人的眼光，哭没什么见不得人的。

赢在情绪

## 凝聚悲痛的经验扩充自身力量

生活中，你是否遭遇过失败？你是否意志消沉过？你是否奋力一击过，但最终还是彻底失败？你的健康是否出现过问题？其实，你不要害怕，即使遇到这些情况也不能阻挡你达成最后的目标，而失败是我们在通往胜利路途上的一小部分而已。伟大的成功通常是在无数次痛苦失败之后得到的。大剧作家萧伯纳曾经写道："成功是经过许多次的大错之后得到的。"

曾经有两个年轻人失业了，他们去拜访拿破仑·希尔，想询问他如何才能变得积极起来。拿破仑·希尔说："记得刚开始时，我供职于一家信息报道公司，这家公司的待遇并不好，不过我已经很满足了。后来，公司因为业绩不怎么样，不得不裁员，像我这样对公司毫无用处的人自然就在裁员之列了。果然，不久后，我就收到了公司的裁员通知。刚开始，我真是万念俱灰，我失业了，我该怎么接受。但很快，我冷静下来，我发现，离开这个工作岗位是有好处的，因为我不喜欢这份工作，也不会有什么大作为，我只有离开这儿，才能有找个好工作的机会。果然不久我便找到一个更称心的工作，而且待遇也比以前好。我因此发现被辞退这件事，确实是件好事。"

拿破仑·希尔总结，把失败转变为成功，往往只需要一个想法紧跟一个行动。我们发现，那些成功者都是勇敢的、理智的，即使遇到失利，他们也不会退缩，而是能化悲痛为力量，把失利当成提升自己的一次机会。他们这样勉励自己："我要振作精神，跟命运搏斗；我要把痛苦化为力量，设法有所建树。"实际上，在失利面前，我们不得不停下来好好想想、歇歇脚步。失利正好给了我们反省的机会，这更利于我们看到自己的不足。

一朝一夕就成功是不可能的。每一个奋发向上的人在成功之前都曾经历无数次的失败。我们需试验、耐心和坚持，才能汲取经验，取得成功。化失败为动力的方法有以下几点。

（1）仔细分析现状，找到自己的问题，不要怪罪任何人；

（2）给自己重新制订一份计划，这份计划须要考虑到前一次失败的原因；

（3）不妨去想象一下自己获得成功后的欢愉场景；

（4）收起那些曾经让你不快的记忆，它们现在已经变成你未来成功的肥料了；

（5）重新出发。

你可能需再三试行这五个步骤，然后才能如愿达到目标。重要的是每尝试一次，你就能增加一次收获，并向目标更进一步。

在我们追求成功、实现人生理想的征途上，无论遇到什么情况，都不要自己打败自己，凡事都往积极的一面看，这样就能顺利克服失败的打击。如果能培养出观察入微的眼光，就会看到事物往好的方向发展的一面。

# 第17章
# 看开一点,紧张不安的情绪自会释怀

很多时候我们太过紧张,是因为太在乎结果。我们一路奔波,不敢休憩也不敢遐想,只因我们害怕时间不够或现实与梦想背道而驰,我们害怕到达终点时,美景早已逝去,或是原来那美景根本不是我们想要的。其实,人生的种种烦恼与痛苦,皆来自我们自己。自视甚高的人,永远不会满意眼前的成就,更不能容忍失败;只看结果的人,向来不知享受过程,更因结果患得患失。如果我们能换一个心态,换一个方式对待生活,如果我们能安宁平和地看待所有,生命中的种种不如意,也会云淡风轻。

## 对自己微笑,放松心情

生活中,很多人因为自己的一些缺点而感到自卑,甚至一蹶不振。他们没发现,如果一个人足够自信的话,这些缺点也是美的。因此,无论何时,我们都要学会对自己微笑,肯定自己,这样才能放松心情。

1942年,史蒂芬·威廉姆·霍金在英格兰出生。很难想象,年仅20岁的他患上一种肌肉不断萎缩的怪病,整个身体能够自主活动的部位越来越少,以致最后永远地被固定在轮椅上。可他并没有因此而中断学习和科研,一直以乐观的精神和顽强的毅力攀登着科学的高峰。

霍金毕业于牛津大学,毕业以后,长期从事宇宙基本定律的研究工作。他在所从事的研究领域中,取得了令世人瞩目与震惊的成就。

在一次学术报告会上,一位女记者登上讲坛,提出一个令全场听众感到十分吃惊的问题:"霍金先生,疾病已将您永远固定在轮椅上,您不认为命运对您太不公平了吗?"

这显然是个触及伤痛难以回答的问题。顿时,报告厅内鸦雀无声,所有人都注视着霍金,只见霍金头部斜靠着椅背,面带着安详的微笑,用能动的手指敲击着键盘。人们从屏幕上缓慢显示出的文字,看到了这样一段震撼心灵的回答:"我的手指还能活动,我的大脑还能思维;我有我终生追求的理想,我有我爱的和爱我的亲人和朋友。"

报告厅里响起了长时间热烈的掌声,那是从人们心底迸发出的敬意和钦佩。

科学巨人霍金向我们证明:即使你满身缺点,你还有可以引以为傲的优点,这些优点一样可以让你自信。对于那些不能改变的外在缺陷,既不要悲伤,也不要失望,而应该庆幸,那些成功的人并非完人,只是因为他们能微笑着面对。为此,你需要做到以下几个方面。

### 1. 发挥自己的长处

人的心里"住"着两种心态:一种是自信,一种是自卑。人们总是在战胜自卑、建立自信的过程中成长的。人无完人,每个人都有自己的长处,所以你在做事的时候,一定要注意发挥自己的长处,避免自己的短处。如果你总是做不适合你的事情,老拿你的短处与别人的长处比,那你很容易产生自卑感,挫伤自信心。

### 2. 积极暗示

德国人力资源开发专家斯普林格在其所著的《激励的神话》一书中写道:"人生中重要的事情不是感到惬意,而是感到充沛的活力。""强烈的自我激励是成功的先决条件。"所以,学会自我激励,就是要经常在内心告诉自己:

我相信自己可以做到。如果你的心被自卑掩埋，那么你就输了。有自信，即使面对逆境，也能泰然自若；自信是力量增长的源泉。

没有人是毫无缺点的，只是在我们的内心，这个缺点的份额大小问题。如果我们将缺点无限制放大，它将会腐蚀我们内心，阻碍我们成功；而如果我们能正视缺点，并在心里把缺点限制在一定的范围内，它就会成为我们努力和奋斗的催化剂，助我们成功。

## 瑕不掩瑜，别为小问题而紧张

人的一生中总会经历不同的坎坷与困难，没有一个人可以保证他是一帆风顺的。生活中的小麻烦、小问题总是此起彼伏，我们常常会因为处理这些小问题而烦恼不堪。其实，问题的好坏还在于我们看待它们的眼光，我们若把问题的焦点放在坏的一面，看到的就是满目疮痍；若多看好的一面，看到的就是春光灿烂。

有一个这样的故事，是说从前有一个农夫，他有两个水桶，一个是好的，另一个有一条裂缝。农夫每次到河边挑水时，那个完好的水桶总是能把水满满地盛回主人家里，而那有一条裂缝的桶每次回到主人家时都只盛一半的水，这时候，有裂缝的桶就感觉自己无比痛苦、自卑。

有一天，有裂缝的水桶鼓足了勇气跟主人说："我为自己每次只盛半桶水而惭愧和自卑。"农夫惊讶地说："难道你没看到你那边长得茂盛且美丽的花草吗？而另外一边草木不生，你为我在这一路上带来了许多美丽的风景啊！"

这个小故事告诉我们，任何事情都有两面性，我们在为事情的麻烦而烦恼甚至产生坏情绪时，何不转换一下看问题的眼光呢？瑕不掩瑜，别为那些小问题而紧张。

莱利斯·格罗夫斯说："没有人的一生一帆风顺，任何人都会遭逢厄运。

积极的心态和顽强的努力会让你解决任何难题。"

美国联合保险公司董事长克里蒙·史东则说:"真正的成功秘诀是'肯定人生'四个字,如果你能以坚定而乐观的态度去面对一切困难险阻,那么,你一定能从中得到好处。"

生活中的人们,你还在为自己处理不好一件小事而自怨自艾吗?其实这种想法是不对的。对此,你不必苛求自己。人生在世,无论我们做什么事,如果紧紧盯着事情的消极面的话,那么,这将会成为我们愉快生活的障碍。减轻自己的心理负荷,抛开一切得失成败,我们才会获得一份超然和自在,才能享受幸福、成功的人生。

事实上,那些让你痛苦的烦恼都是可以解决的,只要你换个心情、换个角度,看到的就是另外一片风景。所以,当遇到苦难挫折时,不妨把暂时的困难当作黎明前的黑暗。只要以积极的心态去观察、去思考,就会发现,事实远没有想象中的那样糟糕。换个角度去观察,世界会更美。

世界是否美丽,由我们的眼睛决定。悲观看待世事,凡事想得太绝望,眼中的世界将是一片灰暗;凡事心中乐观,眼中的世界就是一片光明。积极的心态,能够激发我们自身的聪明才智。一个人如果心态积极,乐观地面对人生,那他就成功了一半。

## 凡事尽力而为,不必太争强好胜

中国人常说:人比人,气死人。这话没错。人们似乎已经习惯了拿自己与他人对比,而一比,就会发现,自己事事不如人,在众人面前抬不起头来,这样无疑加重了自己的心理负担。

现代社会中,人们之所以感到压力大,很多时候是因为无谓的攀比,比吃、比穿、比住……结果最终导致自己崩溃。这就好比自行车轮胎和汽车轮胎,自行车轮胎根本无法承载汽车轮胎所能承载的重量,却逞强好胜,最终被压爆。

**赢在情绪**

如果我们注重内心世界的感受，或许能淡化争强好胜的心。

美国街头有一名男子，弹着吉他，为过路的人演唱。有一个中国姑娘路过，很吃惊，问这名男子，你这么年轻为什么在街头卖唱。这男子说道，我觉得这样很好，能给大家带来幸福！我每天过得很充实，不觉得低贱。难道只有金钱可以决定幸福与否吗？

从这件事可以看出，价值不是用金钱与物质衡量的，幸福不是金钱带来的。只有放下对物质的追求，注重精神世界的充盈，才能真正活出自我，得到真正的幸福。然而，这种好虚荣、要面子的心理焦虑具有一定的普遍性，要调整这种心理状态，应该客观地认识自己、认识面子问题，不要对自己提出超出自己实际的期望值。

现代社会中，人们不可能像陶渊明一样，完全做到"隐于市"，但至少可以以正确的心态对待竞争。良性的竞争有助于自我鞭策与激励，充实内在；而恶性的竞争会使人陷入为达目的誓不罢休的地步。诚然，我们少不了有竞争对手，但我们绝不可对其恶语相加，甚至大打出手。实际上，人们在被对手贬低的时候，都会有一种反击的心理。你的打击可能是让对手努力的动力。

每个人都不应该故步自封，而应该不断充实、超越自己，但积极不能过了头，不能演变成争强好胜。每个人的目标都应恰到好处，只有这种切合实际的超越、对比，才会使自己不断进步，才能使自己受益多多，才会让生活充满活力！

# 乐观一点，学点阿 Q 精神

人生在世，谁都不会事事顺心，如果因此自暴自弃，那么，人的一生就是失败的。而如果能学学鲁迅笔下的阿 Q，凡事坦然一点，事情也许就不那么难了；有点阿 Q 精神，就是要有乐观向上、自我安慰的心态。

下篇 调整自身情绪，别让坏情绪阻挡你前行

大发明家爱迪生在成功之前的生活是很潦倒的，他做过很多临时工，比如餐馆服务员、报童等。但就算这样，他也不忘自己的发明，有时候，即使挨饿也要坚持。更糟糕的是，他常常会面临数百次乃至上千次的失败，然而他没有因此倒下。用他的话说："即使再贫困，我也要去发明。失败了怕什么，至少我知道以前的方法行不通。"

爱迪生的这句话其实也是一种"阿Q精神"，他并没有被失败打垮，而是不断地安慰自我，使自己更加有信心。

的确，我们的努力不一定会收到同等的报偿，遇到不如意，我们千万不能自暴自弃，可以稍微学学阿Q，否则，只会缺乏自信。凡事都得往好的方面去想。没有鲜花灿烂的日子，能拥有一簇簇的绿叶也不错；没有硕果丰收的日子，能拥有根也是收获；没有快乐的日子里，我们不能失去坚持的信念。即使经历一千次的失败，我们依然要笑对生活！

有人说，态度决定一切。这话是很有道理的，不同的心态看问题时的眼光、角度都是不同的，在事情产生的结果上也是不同的。

很多人总是抱怨自己活得累，烦恼不断。其实，谁没有烦恼呢？只要生存，就有烦恼。痛苦或是快乐，取决于你的内心。人不是战胜痛苦的强者，便是向痛苦屈服的弱者。再重的担子，笑着也是挑，哭着也是挑。再不顺的生活，微笑着撑过去了，就是胜利。

在生活中，阿Q的思维和行为在不少人身上或多或少地存在着，只是其存在的形式和表现方法有别。如：有的男人在外边受了气，回家拿老婆出气；老婆受了气，回头打孩子，这叫"心理转移反应"。虽然这种心理转移反应不合理，但当事人通过这种心理转移，卸掉了部分心理压力。又如：一个男人喜欢上了一个姑娘，可姑娘拒绝了他，他会这样安慰自己："这姑娘还配不上我呢！"因此，为了使自己活得快乐些，不妨有点阿Q精神。

生活快乐与否，取决于个人对人、事、物的看法。面对人生的烦恼与挫折，最重要的是摆正自己的心态，积极面对一切。无论遇到什么困难，都不要忘记微笑。人在生活中为调解情绪、适应环境，应该有点阿Q精神。

赢在情绪

## 享受过程的美好，别刻意追求结果

现实生活里，大多数人渴望人生丰富多彩，不遗余力地追求理想目标的实现，却不知道淡然地享受人生就是幸福快乐。其实，无论人生目标有多么的瑰丽辉煌，也不能为了"短暂"的拥有而放弃过程里的开心微笑。

人不能改变过去，也不能控制将来，人能控制改变的只是此时此刻的心念、语言和行为。过去和未来的东西都虚无缥缈，只有当下此刻才是真实的。因此，一个人，不管生命能否长久，都应该学会体验生命过程的丰富多彩，享受其中的愉快幸福。

一位迟暮之年的富翁，沐浴着冬日的阳光在海边散步。他看到一个渔夫在悠闲地晒着太阳，就问道："你为什么不打鱼呢？"

"为什么要打鱼呢？"渔夫反问道。

"挣钱买大渔船啊！"

"买大渔船干什么？"

"打很多的鱼，你就可以成为富翁了。"

"成了富翁又能怎么样呢？"

"你就不用打鱼了，可以幸福自在地晒太阳啦！"

"我不正在晒太阳吗？"

富翁哑口无言。

是啊，有时候我们苦苦追求的所谓的幸福与快乐，其实就在眼前，那又为什么不知足呢？很多人，经过多年的打拼和艰苦的奋斗，也许会有所成就。但人的一生就该如此忙碌地拼搏到死吗？其实，享受真正的人生之旅比直到旅程结束时还没有感受到快乐重要得多。

幸福是一种心境，淡泊宁静，不计较得失，不在乎成败。这是一种睿智的生活态度和生活方式。

很多人认为，人的一生，最美好的风景当然是在前方。于是，他们总是马不停蹄地赶路，总是对前方的路满怀期待。实际上，他们总是不断地失望，他们忽略的是：当下的风景也会让人沉醉！

生活在商品经济的大潮里，每个人都要面对物欲横流的红尘世界的诱惑，对欲望的追求加快了我们前进的脚步，总觉得不远处的鲜花和掌声正在向我们招手，不容我们用更多的时间去欣赏周遭的风景。当我们殚精竭虑地攫取了满怀的鲜花时，当我们白发苍苍时，会发现曾经在路边绽放的小花更加惹人爱怜，然而，我们常常已没有机会再回头去欣赏它的淡雅美丽了。

可见，我们要懂得享受过程，真正让我们满足的也是过程。人的一生即是如此，最美的不是结果，而是人生的旅途。

生命的意义不仅仅在于成就多么伟大的事业，实现崇高的人生目标，或者拥有巨额的财富，也在于淡然地享受人生追求过程中的愉快心情，感受人生过程里那份淡淡的幸福味道。

# 第18章
# 淡定面对，消除压力中的焦虑情绪

几乎每个人都努力掩饰着自己那程度不一的焦虑，有人为了房子车子票子，有人为了面子里子，有人为了孩子，有人为了伴侣，他们日复一日地担忧着不可预见的未来。因为焦虑，他们疲惫不堪，眼中只有晦暗。其实，人生正是因为它的不可预知，才更加引人入胜。当我们放松心情，摆正心态，学会坦然接受一切的时候就会发现，那个宠辱不惊、云淡风轻的自己，早已不知焦虑是种什么滋味。我们带着这种恬淡乐观的心态踏上征程时，人生的旅途也变得轻松惬意起来。

## 让心安宁，别在焦虑中踌躇

有人说过这样的话，人生的冷暖取决于心灵的温度。可如今这社会就像一个大熔炉，把我们的心也烧得沸腾、喧嚣起来，忙碌紧张的生活更是让我们的心焦虑不安。我们常常会担忧：要是失业了怎么办，这个月又该还房贷了，我好像老了……令我们焦虑的问题实在太多了，而由此引起的负面情绪会一直纠缠我们，哪有快乐可言。唐代僧人神秀曾作一偈："身是菩提树，心如明镜台。时时勤拂拭，莫使惹尘埃。"实际上，任何一个人，行走于世时间长了，心灵难免会沾染上尘埃，让自己的心安宁下来，淡然面对一切，快乐就不会减少。

我们身边有很多每天都开心生活的人,他们的共同特质在于,无论外界多么嘈杂,他们始终为自己的心灵留一片净土。

蓝迪曾是一位陆军军官,后加入一家管理咨询公司,在这家公司,他是除了创始人以外的唯一不是工作狂的人。

再后来,他去了另外一个国家,创办了自己的公司。这家公司的员工工作很努力,因此,公司发展得很快。而他们则很羡慕蓝迪,因为蓝迪的工作很简单,每天只参加重要客户的会议,其他事务都授权给年轻合伙人处理。

蓝迪认为领导者应该懂得把握主要工作,他把所有精力用于思考如何在与重要客户的交易中增加获利,然后安排以最少人力达到此目的。

在下属看来,蓝迪几乎是个超人,他似乎没有同时遇到过三件以上的急事,通常一次只有一件,其他的则暂时摆在一旁。为蓝迪工作的人在时间效率上充满挫折感,因为同蓝迪比起来,他们的效率实在是太低。

可以说,蓝迪是个工作效率高的领导者。他之所以能成功地管理自己的团队,就是因为懂得抓大放小,放下那些琐事,把主要精力放在更为重要的事情上。

从这里,我们可以看到,让内心安宁,能帮助活得更轻松。同时,内心安宁、不焦虑也是让我们不断前进的保证。相反,面对激烈的竞争,面对瞬息万变的环境,那些内心焦虑的人往往看不清楚真正的自己,也就不能及时察觉自身的缺点,不能用最快的速度修正自己的发展方向,必然会在学业和事业中落伍,被无情的竞争淘汰。

现实生活中,一些人在人生发展的道路上不能静下心来,焦虑的他们把命运交付在别人手上,或者人云亦云,盲目跟风。他们忽视了自己的内在潜力,看不到自身的强大力量,甚至不知道自己到底需要什么,不知道未来的路在哪里,于是,他们浑浑噩噩地度过每一天,从事自己不擅长的工作和事业,以致踟蹰不前,一直无所成就。

别忘了,在闹市中,要想不断进步,就要放下焦虑的情绪,让心安宁下来,只有这样,才能发现自己的缺点或者做得不够好的地方,然后加以改正,使自己不断进步,并能扬长避短,发挥自己的最大潜能,从而不断获得成功。

赢在情绪

## 看透世俗,用平常心抵抗焦虑情绪

一位德国哲学家讲过这么一段话:没有什么情感比焦虑更令人苦恼了,它给我们的心理造成巨大的痛苦。而焦虑并非由实际威胁所引起,其给人的紧张惊恐程度与现实情况很不相称。通常来说,焦虑是无谓的担心。我们要彻底摆脱使人苦恼的焦虑,就要平静身心。

和煦的春风里,师父带着小和尚来到寺庙的后院,打扫冬日留下的枯枝残叶。小和尚建议说:"师父,枯叶是养料,快撒点种子吧!"

师父曰:"不着急,随时。"

种子到手了,师父对小和尚说:"去种吧。"不料,一阵风起,撒下去不少,也吹走不少。

小和尚着急地对师父说:"师父,好多种子都被吹飞了。"

师父说:"没关系,吹走的净是空的,撒下去也发不了芽,随性。"

刚撒完种子,这时飞来几只小鸟,在土里一阵刨食。小和尚急着对小鸟连轰带赶,然后向师父报告说:"糟了,种子都被鸟吃了。"

师父说:"急什么,种子多着呢,吃不完,随遇。"

半夜,一阵狂风暴雨。小和尚来到师父房间带着哭腔对师父说:"这下全完了,种子都被雨水冲走了。"

师父答说"冲就冲吧,冲到哪儿都是发芽,随缘。"

几天过去了,昔日光秃秃的地上长出了许多新绿,连没有播种到的地方也有小苗探出了头。小和尚高兴地说:"师父,快来看呐,都长出来了。"

师父依然平静如昔地说:"应该是这样吧,随喜。"

这则故事告诉我们,人生无常,但只要保持内心平静,无论外在世界怎么变幻莫测,我们都能坦然面对,做到不为情感左右、不为名利牵引,从而洞悉事物本质,完全实事求是。

对此,我们应积极寻求克服焦虑的心理策略,下面的自我调节方法或许有助于你早日摆脱焦虑。

### 1. 挖掘出引起焦虑和痛苦的根本原因

研究发现,很多焦虑症患者患病是有一个过程的,在他们的潜意识中,长期存在一些被压抑的情绪体验,或者曾受过某种心灵的创伤,并且,这些焦虑症状早以其他形式体现出来,只是患者本人没有对自己的情况予以重视。因比,一旦发现自己有焦虑情绪,就应该学会自我调节、自我调整,把意识深层中引起焦虑和痛苦的事情挖掘出来,必要时可以采取合适的发泄方法,将痛苦和焦虑的根源尽情地发泄出来,经过发泄之后,症状可得到明显减缓。

### 2. 尽可能地保持心平气和

要摆脱焦虑,最忌急躁;平和的心态是舒缓焦虑情绪的关键。凡事看淡一些,这对有焦虑症的患者尤为重要。

### 3. 必须树立起自信心

那些易焦虑的人,通常有自卑的特点,遇事时,他们多半会看低自己的能力而夸大事情的难度;一旦遇到挫折,焦虑情绪和自卑心更为明显。因此,在发现自己的这些弱点时,就应该予以重视并努力加以纠正,决不能存有依赖心理,等待他人的帮助。要树立自信,有了自信心就不会害怕失败。十次之中成功一次,就会增添一分自信,焦虑情绪自然会退却。

人生的平淡和起伏都是生命的轨迹,只有内心平和的人才能体味其中的真谛,因此,我们不妨以平常心看待生活,用心去享受简单生活中的快乐、幸福!

## 淡定处之，让万事顺其自然

生活中，人们常说"心急吃不了热豆腐"，指做事不要急于求成，要踏实做事、水到渠成。的确，对生活过于焦虑的人，生活是不会积极回馈他的。太想成功者，只会与成功无缘；太想赢的人，最后往往很难赢；太想到达目标的人，往往不容易达到目标。过于焦虑就是自寻烦恼，事情的成败往往不是以我们的意志为转移的，欲速则不达，凡事不可急于求成。淡然处之，持之以恒，成功的概率反而会大大增加。

一位少年，一心想早日成名，于是拜一位剑术高人为师。他迫不及待地问师父多久才能学成，师父答曰："十年。"少年又问，如果他全力以赴、夜以继日要多久。师父回答："那就要三十年。"少年还不死心，问如果拼死修炼要多久，师父回答："七十年。"

这里，少年学成并非真的要七十年，师父之所以如此回答，是因为他看穿了少年的心态。少年可谓是不惜一切想尽快成功，但没有平和的心态，势必以失败告终。渴望成功、努力追求都没有错，但渴望一夜成名的心态反而会使人欲速不达。

其实，不光是这个少年，在现实生活中，类似的急功近利者并不鲜见，他们凡事追求速度，以致经常在做一件事时还没开始多久就结束了。急于求成，心态浮躁，往往使人不注意做事的品质，常把最简单、最普通的事做砸，更不必说富有挑战性的大事。

事实上，一种本领的获得、一个目标的达成，都不是一蹴而就的，而是需要一个艰苦历练与奋斗的过程。正所谓"宝剑锋从磨砺出，梅花香自苦寒来"，我们做任何事都应该本着脚踏实地的原则，一步一个脚印才能走向成功，因此，任何急功近利的做法都是愚蠢的。急于求成，只能适得其反，结果只能功亏一篑，落得拔苗助长的笑话。

强扭的瓜不甜，强求的事难成，以淡定的心态面对，却往往会水到渠成。

人们的主观愿望与实际生活总是有差距的。我们千万不可把自己的主观意愿强加于客观现实中,而应该学会随时调整主观与客观之间的差距。凡事顺其自然。有些事情就是奇怪,你越努力渴求,它越反而迟迟不来,让你等得心急火燎、焦头烂额。终于,你等得不耐烦了,正想放弃时,它却又如从天而降,给你个惊喜满怀。

孔子曰:"无欲速,无见小利。欲速,则不达;见小利,则大事不成。"真正成大事者,都遵循自然的规律,遇事临危不乱、镇定自若,他们都有一分定力。这是一种有长远眼光的表现。只有凡事不急于求成,才能真正有所成就。

当然,顺其自然,不是一种消极避世的生活态度,而是站在更高层次来俯视生活的一种感觉。

人生路上,无论何事,最忌急于求成。凡事只有经过深思熟虑再行动,才有更多成功的机会,不按照事物的发展规律办事,只能是徒劳无功,而如果我们在生活中学会按客观规律办事,就会获得事半功倍的效果。

## 着眼当下,别为明天的事烦恼

人生在世,谁都希望自己明天走的是一条光明的康庄大道。但事实上,明天还未到来,过多的焦虑毫无意义,还不如着眼当下,努力充实好现在,那么,你收获的就不只是实力,还有一份淡然的快乐。

包维尔自小就十分喜欢摄影,大学毕业后,他对摄影到了痴迷的程度,无心去挣钱工作。从此,包维尔过着简单的生活,不理会自己是富有还是贫穷,只要能摄影就够了。他穿着破裤子,吃着最便宜的汉堡包。在别人眼里,他是困苦贫穷的象征。而包维尔自己却过得异常快乐。

在包维尔27岁时,他的人物摄影技术达到了登峰造极的水准。包维尔成为了世界公认的人物摄影大师,并为英国首相拍摄人物照,从此一发而不可收,

**赢在情绪**

至今已为全世界 100 多位总统、首相拍过人物摄影。请他摄影的世界名流更是数不胜数，排队等候一两年是常事。包维尔最终成为一个真正的世界顶尖级摄影大师。

从包维尔的故事我们得知，在人生目标的实现过程中，一个人只有内心平静、努力充实自己，等待时机、戒骄戒躁，日子才会过得悠然自得、从容不迫。不去羡慕别人，这样，才会找到自己的生活，完成自己的事业。

通常来讲，越是有所追求、想干点事的人，可能遇到的烦恼和痛苦就越多。凡事达观一点，看开一点，相信自己，终会心想事成。

在人生旅途中，很多人为明天而焦虑，担心明天的生活、明天的工作，但实际上，这不过是杞人忧天，我们谁也无法预料明天，我们所能掌控的只有当下。若想获得一个成功的人生，不仅要积累基础知识，更要修炼心性，心态改变命运，活好当下，全身心投入现在的生活和工作才是基础。未来靠的是现在，现在做什么、怎样做、要达到什么目标，决定了未来是怎样。

当然，要放下为明天担忧的苦恼，就要从现在做起，以自身为本，培养出一种艰苦奋斗、开拓进取的精神品质；要树立积极达观的人生态度，就要把个人的成长与社会的发展紧密地结合起来，从个人狭小的生活天地里走出来，从而实现崇高的人生目标。

詹姆斯·巴里说："快乐的秘密，不在于做你所爱的事，而在于爱你所做的事。"工作在我们的人生中占据了大部分最美好的时光。比尔·盖茨有句话："每天早上醒来，一想到所从事的工作和所开发的技术将会给人类生活带来巨大的影响和变化，我就会无比兴奋和激动。"

其实，我们早已知道，烦恼让我们的身心健康受到威胁，毫无益处可言，我们的生活中从未有人因为烦恼而改善自己的生活状况，因此，我们不妨抛却烦恼，做个快乐的人。做一个快乐的人其实并不难，拥有幸福的人生很简单，只要我们懂得珍惜今天，把握好今天，放下焦虑。

下篇 调整自身情绪，别让坏情绪阻挡你前行

## 少一点欲求就会少一分焦虑

"贪者，恶之大也""祸莫大于不知足""非智之不足，非技之不胜，利令智昏，贪婪之心，才是天下祸机之所伏"。贪婪是人性的一大弱点。一般而言，贪婪心理的形成主要是由于错误的价值观念：社会是为自己而存在，天下之物皆为自己所有。这种人存在极端的个人主义思想，永远不会满足。他们得陇望蜀，有了票子，想房子，有了房子，想位子，从不会满足。于是，他们陷入无止境的欲求之中，一旦自己的欲求满足不了，就开始产生焦虑情绪，有何快乐可言？

不管你是在温室中成长，还是在困苦中挣扎，欲望都会存在于你的心中。欲望可以成为我们的信念，支撑我们渡过难关，但是欲望也像鸦片，容易上瘾。皮埃尔·布尔古说过："人们常常听到这样一句话：'是欲望毁了他。'然而，这往往是错误的。并不是欲望毁了人，而是无能、懒惰，或糊涂。"

有这样一个故事。

从前，一家兄弟三人。老大脑子不灵光，四十好几的人，还是光棍儿一条，整日里破衣烂衫，连一身像样的衣服都没有。有人问他："你最大的心愿是什么？"他情不自禁脱口而出："要随我心，天天新衣。"

老二有个小康之家，衣食不缺，只是长相太丑，找了一个比他还难看的女人为妻。当问到他的心愿时，他迫不及待地说："要随我心，天天娶亲。"

老三由于经营有方，再加上天资聪慧和好运连连，是远近闻名的富豪。当人们问他有什么心愿时，他毫不顾忌地说："要随我心，挖一窖金。"

这只是个故事，但从中可以看出人的贪婪之心。"人心不足蛇吞象"，多么贴切的比喻。贪婪之心，就像是一个恶魔，一旦附身，就会让人难以善终。仔细琢磨，其实我们每个人又何尝不是如此呢？读过这个故事，我们都应该好好地反思一下：我们怎样才能摆脱贪婪之心呢？

**赢在情绪**

### 1. 警示自己

我们可以以前人的正反事例来警示自己。现实中的许多人，因为贪婪，以致身败名裂，留下千古骂名，到头来后悔莫及。我们应以前人的事例时刻警示自己，消除贪婪心理。

### 2. 自我反思法

你可以拿出一张纸，然后在纸上连续20次用笔写下"我喜欢……"这类语句限时20秒钟，全部写完后，逐一分析哪些欲望是合理的，哪些是过分的，这样就能明确贪婪的对象与范围，对造成贪婪心理的原因及其危害，自己作较深层的分析。

### 3. 常保知足之心

人们常说："知足常乐。""知足"，就不会心生邪念，而"常乐"也就能保持心理平衡了。

我们都是平凡的人，并不能真正做到摒弃功利，甚至连哲学家们自己似乎也极不愿意摒弃人性的这一弱点。对功名的追求有积极的一面，但过于执着于此、孳衍成无限膨胀的欲望，则会使人性蜕变。我们若想获得快乐，就要学会少要求一点，只要经常修剪自己的欲望，少点欲求，就会少一分焦虑！

下篇 调整自身情绪，别让坏情绪阻挡你前行

# 第19章
# 豁达心胸，别让仇恨把你拉进狭隘的怪圈

仇恨是一颗含有剧毒的种子，一旦在我们心中生根发芽，便会带来灾难性的后果。如果怀着一颗充满仇恨的心度日，整日算计着仇人，因无法报复而焦虑，或报复后忧虑仇人的反击，都只会令自己无比痛苦疲惫。与其这样伤人伤己，我们何不敞开心胸，放下仇恨，原谅别人的同时，也是对自己的救赎。忘却仇恨，放过仇人，将所有精力投放到自己的生活上，生命才能更加精彩丰呈，璀璨夺目。

## 跳出仇恨的怪圈，让自己呼吸自由空气

现代社会，随着科学技术的进步和生活节奏的加快，在面对烦琐、复杂的人际关系时，在个人利益与其他利益相互冲突时，似乎人们不再那么心平气和了，一些人甚至选择了"人不为己，天诛地灭"这一价值观，心胸变得狭隘，为了一些小事大打出手，污言秽语，行为败坏。当然，这样的人毕竟是少数，但如果换位思考，内心宽广一点，定会化干戈为玉帛，在放过别人的同时，也放过自己，否则，只能陷入仇恨的怪圈之中。

在古希腊神话中有这样一则故事。

一个人行走在马路上，突然看到一个小球挡住了自己前进的路，于是，他便准备踢走这个小球。谁知，这个球居然越踢越大。此人觉得很奇怪，于是继续踢。谁知道，这个球居然不断膨胀，顶天立地，吓得此人惊惧不已。这时，

**赢在情绪**

雅典娜女神出现了，告诉他，这个小球叫"仇恨"，如果你不去碰它，它会安然无事，如若遇到不断的撞击，它就会加剧膨胀，一发而不可收。

这就是仇恨的"球"，它并不是生长在路边，而是生长在我们的心中。每当你为一件小事仇恨时，它就不断膨胀，而当它膨胀到堵塞了心灵天空时，终会爆炸……

其实，大家都在向往着幸福。我们应该心存感激地生活。仇恨不会让你快乐，无疑，它是你感情上的累赘。你所恨的人，对你曾经做出的伤害也许是无意的，仇恨却使你产生报复的行为，反过来，被报复的对方也会拿起反抗的武器。正所谓冤冤相报何时了，将心比心，你知道恨一个人的痛苦，何必要多一个人来痛苦呢？

因此，不要再执拗地将仇恨放在心里，这会让你失去理智。仇恨有什么意义呢？何不放下它，保留一个完美的结局，而非"两败俱伤"。当仇恨在心中化解时，你会发现做人原来是这样轻松惬意，幸福的心情是这样唾手可得，人生是这样美妙神奇。

那么，我们怎样摆脱以牙还牙的想法呢？

### 1．学会宽容，懂得忍耐

宽容不仅是给别人机会，更是为自己创造机会。

只有忘记仇恨，宽宏大量，才能与人和睦相处，才会赢得他人的友谊和信任，才会赢得他人的支持和帮助。

### 2．转换角度，找出事情良性的一面

每件事情都有两面性，有好的一面，也就有坏的一面。人之所以仇恨，就是因为人只看见了坏的一面，如果试着向好的一面看，仇恨也许会消除。

"爱人者，人恒爱之。"仇恨则使人们相互倾轧、相互远离，是让我们相互依存的同盟分裂、瓦解的东西，所以，丢掉仇恨，也就拯救了自己。虽然生活中的很多小事是仇恨的根源，而事实上，只要学会放下，心中就会充满愉快。与人为善，即与己为善；与人方便，即与己方便，或许你会因此活出自己的新天地。

## 宽容善待对方，方能化敌为友

当踏进社会的那一刻，我们就需要与人交往，难免产生摩擦和误会，仇恨也会因此产生。但无论如何，千万要记住，这个世界上还有很多美好的事物，多看事物的美好一面，就会少一分障碍，多一分成功，否则，将永远被挡在通往成功的道路上，直到被打倒。只有忘记仇恨，才能心理平衡，解放自己。

林肯冲破重重阻碍当上总统之后，任用了一个能力很强的原先的死对头任部长之职。幕僚和随从们都十分不解。

"他是我们的敌人，应该消灭他！"大家愤怒地建议。

"把敌人变成朋友，"林肯解释说，"既消灭了一个敌人，又多得了一个朋友。"

从这里，我们可以看到，真正的成功者不仅有杰出的能力和智慧，更有着宽广的胸怀。善于忘记仇恨，是事业成就者的一个特征。那些能忘掉过去不快的人，脚步更轻松，有更多的精力努力前进。只有忘记仇恨，宽宏大量，才能与人和睦相处，才会赢得他人的友谊和信任，才会赢得他人的支持和帮助。

那么，我们怎样才能淡化心中的仇恨呢？

### 1. 不要"念念不忘"别人的"坏处"，改"仇"为善

把别人的缺点、坏处放在自己心里，其实，受折磨的是自己，有些人还会因此产生报复的行为，最终导致自我毁灭。

在人与人之间，许多情况下，所谓的"仇人"，其实不过是自己给自己树立的"假想敌"。退一步说，即使是"仇人"，对方心存歉意，诚惶诚恐，你如果能原谅对方或者以德报怨，帮对方一把，就会使对方感念其诚，改"仇"为善。把"仇人"看作朋友，坚持感情的输入，坚持礼让。如果你这样做了，说明你正在一点点地提高自己，开阔自己。

### 2. 用快乐淡化仇恨

人生短暂，我们应该做的是好好地享受人生，开心地活着。当仇恨心理出现的时候，我们要做的是多想想生活中快乐的事，用快乐的情绪冲淡仇恨。

专栏作家哈里斯和他的朋友在报摊上买报纸，朋友礼貌地对报贩说了声"谢谢"，但报贩却冷口冷脸，没发一言。"这家伙态度很差，是不是？"他们继续前进时哈里斯问道。"他每天都是这样的。"朋友说。"那么你为什么还是对他那么客气？"哈里斯问。朋友答："为什么我要让他决定我的行为？"

每个人心中都有一把"快乐的钥匙"，却常在不知不觉中把它交给别人掌管。我们身处的地方，不论是环境、人、事、物，都很容易影响我们的情绪，可是千万不要忘了，决定快乐的钥匙，只在你自己手中！

其实，你在心里是否原谅别人的错误，对于对方来说并没有多少影响，而对于你来说，则不同，如果你不原谅，选择继续怨恨、纠缠等，那么，痛苦的只有你自己；如果你希望自己的内心得到解脱，那么，你就应该选择原谅。实际上，这是个心理转换的过程，是把自己的心灵从被别人带给你的伤害和不快中解脱出来。

忘记仇恨，才能提高自己，开阔自己。学会宽恕自己、宽恕别人，我们才会活得更加如意、更加幸福。

# 仇恨如魔鬼，会粉碎你的人生

在日常生活中，我们难免与别人产生误会和摩擦，如果对他人产生仇恨之意，仇恨便会悄悄成长，最终会堵塞通往成功的路。如果仇恨是火的话，这团火藏在你的心里，而你一直仇恨的对象却在你的心外，那么这团火就只烧着你自己的心，对方或许连一点点热度都感受不到。所以，放下仇恨吧，远离仇恨，学会宽容对方，那么也就是在宽容自己。

下篇 调整自身情绪，别让坏情绪阻挡你前行

仇恨就像一粒种子，最终会种出人际的不信任、敌意、怀疑……如果这仇恨的种子被到处播撒的话，那么，它不仅会为危害到个人的生活，还会影响到整个社会。心怀爱与悲悯之人，不像心怀仇恨与奸诈之人那么强大；被仇恨包围起来的人是面目可憎的。人类历史上，战争、迫害、屠杀等各种残忍行为的出现，正是因为仇恨的存在。

在热带海洋，有一种奇异的鱼，名叫紫斑鱼。它的奇异之处，并不是它身上的斑，而是它浑身长满了毒刺。

紫斑鱼常常会因愤怒而用毒刺攻击其他海洋生物。它内心越是仇恨，毒刺散发的毒性就越大，对其他生物的危害就越大。根据紫斑鱼的正常生理机能来看，一条紫斑鱼一般能活到七八岁，但实际上紫斑鱼活不过两岁。这是为什么呢？

问题还是在毒刺上：在用毒刺攻击其他生物时，紫斑鱼越是满怀"仇恨"，它的毒刺攻击得越毒越狠，对别的生物伤害越深，对自己的伤害也越深。因为它心中的"怒火"在烧毁别的生物的同时，也在烧毁自己，最终使自己五脏俱焚，一命呜呼。

然而，世间万物，被自己所伤、自己败给自己的，又岂止紫斑鱼？那些总是满怀仇恨的人，那仇恨之火不也在伤害他们自己、毁灭他们自己吗？

生活中，我们周围的任何一个人，都可能成为我们仇恨的对象。然而，就在我们仇恨他人的同时，我们的身心健康也被灼伤。当内心被愤怒燃烧的时候，身体的其他器官也会因分泌旺盛而受伤。此外，仇恨还可能使我们行为反常、烦躁易怒，最终变成一个十足的讨厌鬼。

仇恨的产生并不是无缘无故的，我们每个人并不会随便恨一个人，仇恨的产生往往是因为他人做了伤害我们的事。在认清这一点后，我们应该找到灭火的方法。仇恨来自自己胸中，是无法通过改变仇恨对象而得到缓解的。因此，我们应当积极地在自己身上寻找问题，而不要任仇恨之火肆意蔓延。

仇恨最可怕的地方在于，如果不主动浇灭内心的仇恨之火，那么，它便会无休止地蔓延开来。

排解仇恨情绪是一个净化心灵的过程。我们可以尝试说服自己：他之所以

这样做，是有一定缘由的，我应该原谅他。然后，慢慢地让自己接受现实，从心底理解和原谅他人，进而让仇恨情绪随着时间的推移逐渐淡去。另外，我们应学会宽容，让自己不再那么容易受伤，这样才能防患于未然，不让仇恨之火轻易燃起。

人生在世，既然存在人际交往，就会产生摩擦、误解甚至仇恨。如果心中始终装着自己给自己编织的"仇恨袋"，生活只会如负重登山、举步维艰，最终堵死自己的路。假如你不愿意宽恕，这个重担将一辈子跟随着你；若通过宽恕，克服情感上的伤害，你便可以让自己痊愈。

## 学会感谢那些伤害你的人

人活于世，我们都渴望一帆风顺、事事如意。而事实上，我们总是遇到各种大大小小的烦心事，这些事总是折磨人心，让人焦躁不安、不得安宁。然而，人的生命就是一个破茧成蝶的过程，我们的身心只有在经过不断历练之后，才会变得更加坚强。法国文豪罗曼·罗兰说："从远处看，人生的不幸、折磨还是很有诗意的！一个人最怕庸庸碌碌地度过一生。"同样，追逐成功的过程中，我们总会遇到伤害我们的人，此时，唯有忍耐和感恩，才能让我们正视折磨，正视脚下的路，可以说，会感谢伤害自己的人，才能真正领悟。

有这样一个故事。一次，拿破仑骑马经过一片树林，听到一阵紧急的求救声，于是，他赶紧挥起马鞭，朝着声音发出的地方奔去。

声音来自于一片湖泊，他定睛一看，原来是有个士兵掉进了水里，正往深水处漂流，距离岸边大约三十米。此时，岸边也有几个士兵，但个个都心急如焚，手足无措，因为他们之中谁都不会游泳，眼看这个落水的士兵就要被冲走了。

拿破仑问道："他会游泳吗？"

一个士兵回答说："会是会，可是好像已经没有体力了，刚才还喊过救命。"

拿破仑哼了一声："喔！"随即从侍卫长手里取过一支手枪，大声朝落水

的人喊："你还往当中爬什么，赶快游回来。再往前去，我就开枪把你毙了！"

说完，拿破仑果然朝那人的前方开了两枪。落水的人也许是听到岸上的威胁话语，也许是听到前方子弹入水的响声，猛地回转身来，努力扑通扑通地胡乱划着，居然很快就向岸边靠拢了。

落水的士兵得救了，同伴们都很高兴。这时他们发现，站在他们身边的竟是拿破仑。获救的小伙子惊魂未定，连忙拜谢拿破仑，并不解地问："陛下，我是不小心落到水里去的，快要淹死了，你还要枪毙我，这是为什么？你的子弹差一点就打中我，真把我吓死啦！"拿破仑笑着："傻瓜！不吓这一下，你才真的要淹死哩！你再往前漂去，越漂越远，就再也回不来了。这是一个荒野深湖，周围没有居民。你看，这里几个人有谁能下水救你呀？你吓了一跳，不就回过头来自己救自己了吗？"

这位落水的士兵为什么能得救？是谁救了他？他自己还是拿破仑？从这个故事中，我们发现，有时候，那些我们恨得咬牙切齿、伤害我们的人，实际上正是我们应该感谢的人，是他们让我们懂得自救，激发我们努力、奋斗！

的确，即使你是个人际关系再好的人，也有几个"仇人"，或许他们就是绊倒你的人，或许他们让你身负重债，让你背黑锅，让你活得不清闲。这时候你光是恨，就永远无法从中学到该学的，也永远不懂自己为何失败。事实上，从整个人生大格局的角度来看，你的"仇人"，也正是你的恩人。好好感谢他们吧！也许就是因为当初他们把推你下水，你才学会"游泳"。

最高境界的宽恕，是宽容那些曾经伤害过自己的人。这不是一件容易的事，但是如果我们这样做了，就会从中体验到我们的富有和强大。

## 理解对方的处境，减轻心中怨恨

仇恨是人类情感的毒素。我们看到，仇恨所产生的报复在这个世界上随处可见。因为仇恨，有些人剥夺他人的生命；因为仇恨，亲人间反目成仇；因为

 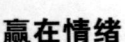

仇恨，朋友间老死不相往来。仇恨的后果是危害社会，使别人受到伤害，同时自己也受到伤害。仇恨吞噬我们的健康。冤冤相报是我们所不愿看到的。其实，面对他人的伤害、欺骗等行为，如果我们能从对方的角度考虑，便会理解他的处境，从而减轻乃至消除怨恨。

一次，我国著名书法家启功先生在北京参加书法调研活动之余，与同行者游玩。没想到，途中居然有人问他："我有启功的真迹，有要的吗？"启功说："拿来我看看。"那人把字幅递给他。这时，随启功一起来的人问卖字幅的人："你认识启功吗？"那人很自信地说："认识，是我的老师。"

随行者转问启功："启老，你有这个学生吗？"对方刹那间陷于尴尬、恐慌、无地自容之境，哀求道："实在是因为生活困难才出此下策，还望老先生高抬贵手。"启功宽厚地笑道："既然是为生计所迫，仿就仿吧，可不能模仿我的笔迹写反动标语啊！"那人低着头说："不敢！不敢！"说罢，一溜烟地跑走了。同来的人说："启老，你怎么让他走了？"启功幽默地说："不让他走，还准备送人家上公安局啊？人家用我的名字，是看得起我，再者，他一定是生活困难缺钱，他要是找我借，我不是也得借给他吗？当年的文徵明、唐寅等人，听说有人仿造他们的书画，不但不加辩驳，甚至还在赝品上题字，使穷朋友多卖几个钱。人家古人都那么大度，我何必那么小家子气呢？"

这里，我们看到了一个老艺术家心灵上的大彻大悟之境，充满着一种"身心无挂碍，随处任方圆"的大气和洒脱。他的襟怀比之古人，可以说是有过之而无不及，他的一番话表达了对穷苦人民生活状况的关心，更体现了他的善良。

可见，宽容是一种美德，是对犯错误的人的救赎，也是对自己心灵的升华。不要总是认为对方怎么伤害、得罪了你，给你造成了多少损失，而应该想想这件事值不值得你伤神，想想对方是不是值得你发火。他是故意的还是无心的？平日待你如何？给对方一个机会，就是给自己一个机会。对于一些人，原谅，远远要比惩罚来得有效。也许只是一时的失误，也许只是一闪而过的歪念。人总有犯错误的时候，宽恕他人就是救赎自己！

生活中，与他人交往的过程中，不免会产生许多小摩擦、小误会、小睚眦，对此，如果能转换一下思维，多体谅他人，怨恨的情绪也就能减轻甚至消除了。

下篇 调整自身情绪，别让坏情绪阻挡你前行

# 第20章
# 虚怀若谷，自负的情绪会令你处处碰壁

这个世上没有十全十美的事，也没有完美无缺的人，不管是谁，不管他身上的优点多么耀眼，长处多么傲人，他仍然会存在缺点，仍然有不可避免的短处。天外有天，人外有人，每一个人身上都会有强于我们的优点，都存在值得我们学习的长处。在平日的工作与学习中，我们只有保持虚怀若谷的心态，以谦和的态度对待一切人和事，才能在当今的竞争大潮中长久地立于不败之地。

## 树大招风，不要太逞能

俗话说："枪打出头鸟。"这句话并不是没有道理，那些爱显摆、做人高调者往往是别人排挤的对象，而那些为人低调、懂得韬光养晦的人才会取得真正的成功。"低头是谷穗，昂头是谷秧。"低调是立世的根基。举个很简单的例子，牙齿和舌头哪个更坚硬？可能你会回答：牙齿！那么，为什么当坚硬的牙齿被碰落时，而柔软的舌头却完好无损？不是因为柔软的因为舌头能胜过坚硬的牙齿，而是舌头处于低谷。可见，低调做人，不仅可以保护自己，使自己与他人和谐相处、患难与共，更能使自己暗蓄力量、悄然替行，在不显山不露水中成就伟业。

生活中，那些工作出色、处处拿第一的人似乎并没有什么朋友，而那些能

力一般的人似乎周围总是不缺朋友。这是因为多数人不希望自己的朋友强于自己，让自己成为配角，而那些抢尽风头的人，总会被排挤。

一些人虽然"才高八斗"，却自恃才高、居功自傲，结果引来别人的排挤，于是哀叹"世态炎凉""时运不济"，其实，他们应该思考的是，自己在做人方面是不是有什么失误。所以，我们要懂得，给别人让条路，就是给自己留条路，做人不可太过招摇、自吹自擂，低调却能帮你赢得朋友、赢得成功。

事实上，任何事情的进展并不能都被人为地控制，这更要求我们学会观察。如果你认为自己不具备解决疑难问题的本领时，千万不能逞强、充大头；如果你有能力拯救危机时，也不要心急，要在关键时刻出手，让人刮目相看，若能做到在关键时刻运用别人的智慧的话，那就如虎添翼了。

"为职者相时而动，驾驭时势，善用他人智慧，则更要因势而导之。"毕竟，作为一个普通人，没有三头六臂，别人不能做到的，要想突破瓶颈，也不是容易的事，但如果能善于运用他人的智慧，为自己谋事，则成功在望。当年，刘玄德有一统天下、复兴汉室的愿望，但苦于能力不足，于是，他带领关羽、张飞等人三顾隆中草庐，请诸葛孔明出山；每年，为了人类的健康问题，全世界的专家会聚在一起，讨论最新的医学研究成果；那些大公司、大财团总是不惜财力，聘用许多高科技人才，就是为了借用他们的才能，为自己出谋划策，使公司获得丰厚的利润……

任何人都有自己的长处，千万不要因为你有别人所没有的能力就目中无人。"枪打出头鸟"，不要让自己成为别人的靶子，正确的出手时机是事态没有任何转机时，在关键时刻，你的出手会让对方倍加感激。如果懂得忍耐，伺机而动，那么，你成功的机会就会大很多！

## 可以自信，但不要无端自负

"虚心使人进步，骄傲使人落后"，这句话小孩子都会说，意思也很好理解，从字面上一看便知。然而，这样再普通不过的道理，生活中能够按照它去

做的人却没有几个,大多数人只是说一说,没有想过把它当作一种指导,一种指引我们行为方向的指南针。骄兵必败,自古便是如此。

除此之外这样的例子是数不胜数,从楚霸王项羽自刎于乌江,到曾经霸极一时的拿破仑兵败滑铁卢,无一不是在用血的例子来验证这句话的正确。正所谓"成由勤俭败由奢,骄傲自满必翻车"。即使你曾经有过辉煌的成功史,也不要轻易地骄傲。

古人云,轻诺必寡信。这不仅是一个主观上愿不愿意守信的问题,也是一个有无能力兑现的问题。自负者为了表明自己的能力超群,常常答应自己无力完成的事,当然会使别人一次又一次失望。

有一家公司,需要一名业务经理。

这天,一名年轻人来应聘,他自信满满地说:"在这行,我可以说是经验丰富,并且最擅长做终端业务,如果授予我相应的自主权,我敢保证,一年做成100万元业务绝不成问题。"总经理庆幸喜得人才,任命他为地区经理。谁知他的业务开展得不够理想,一年仅完成了50万元。总经理大失所望,撤销了他的经理职务。

第二年,另一位年轻人前来应聘,说:"我在这行才做了两年,自然不算经验丰富,但我希望贵公司能给我一次机会,我愿意竭诚为公司服务。"总经理见他踏踏实实,很喜欢,就先让他干一年。这一年,他干得果然卖力,完成了50万元业务。总经理对他大加赞赏,并提升他为地区经理。

同样是50万元业务,却一个降职一个升职,受到的待遇如此不同,这是期望值不同造成的结果。在推荐自己的时候,要实事求是,量力而为,不能胡乱吹嘘自己。如果一味地说自己多么能干而到头来没有实现自己曾经夸下的海口,那么结果只会让人把自己看低。

年轻人信心十足,有意拔高自己以求得他人尊重,心情可以理解,结果却难如愿。要做到自信却不自负,需要正视自己的优缺点。

总之,任何人做任何事,都需要自信,但一旦自信过了头,就变成了自负。人与人交往,谈论到某些问题时会产生分歧,虽然你应该坚持自己的立场,但若太过自信,会在别人眼里变成狂妄,因为每个人对"自信"的定义

有所不同。以中立的立场来谈,"自信"是一种内在的、关乎个人的态度;而"自负"是外放并会影响他人的,如果到了批判与伤害的程度,就称得上无礼的"狂妄"。

当然,你也不需要过分谦虚,否则会有心理压力,若能拿捏好这中间的分寸最好。有时是对方嫉妒你,因为他本身缺乏自信,所以看不惯你的神采奕奕,对于这样的人,你应该不予计较,那是对方的心态问题,与你无关。你不需要为比乞丐富有而感到抱歉,过好你的人生才是最重要的。

如果你是一个爱骄傲的人,就从现在开始审视自己,改变自己,做一个谦逊的人,一个能够控制喜悦冲动、奋发向上的人。

## 好为人师者让人反感

人际交往中,人们都喜欢与那些谦谦君子交往,而讨厌那些自高自大、好为人师的人,因为他们似乎总是喜欢充当指导者的角色,总是认为别人这里不对那里不对,似乎他们什么都懂,什么都在行,他们经常让别人颜面无存。其实,他们表面上看是个"万事通",但实际上,是害怕被人看不起、被人轻视。可是,这样做的结果只能使他们遭人厌恶。道理很简单,因为没有人喜欢被人贬低。只有谦虚的人才能学到更多的知识。人外有人,天外有天;三人行,必有我师焉。把自己吹得越大,越容易爆裂。

好为人师者,一般有两类人。第一类人大大咧咧,对别人的一些行为,他们认为是错误的、不恰当的,张口就指出来;还有一类人,他们这么做是为了显示自己高人一等,喜好出风头。其实,不管因为什么原因,这种做法都会让他们失去很多朋友。

原因很简单,每个人在内心世界中,都在努力建立一个坚固的自我,并希望自己周围的人都认同这个自我。假若你不识趣,非要揭露一个人的错误,那么,对方不但不会接受你的好意,还会产生排斥你的想法。尤其在工作方面,你的热心根本就是在否定他的智慧与能力，他甚至会认为你是在和他抢功劳。所以，"好为人师"是人际关系的障碍。如果你非要"为人师"不可，则必须建立在下面两个基础上才行。

首先，要让他知道你是出于好意。如果对方认为你真的是为他好，是希望他进步，那么，他有可能接受你善意的忠告。

其次，你的话有足够分量。如果你是个让人敬重的人，那么他有可能接受你的意见，但表面听从、私下不理的可能性也很高；如果分量不足，那就别自讨没趣。如果你是他的长辈或上司，基于伦理及利害关系，他有可能接受你的意见，但也不尽然。

总而言之，人都有排他性，偶尔，对方可能会因为一些外在压力而接受你的指教，但这是他个人的选择。因此，与其好为人师地"招惹麻烦"，不如"拜人为师"使自己成长，引发别人反感的事最好少做或者不做。

"好为人师"也许是人的一种天性，谁都希望获得他人的敬重，但若真的是好为人师，那么，你得到的可能就是反面的结果。而如果你能改变一下自己的角色，以别人为师，不但可以满足对方的优越感与虚荣心，也能学到知识，增长见识，可收到"一箭双雕"的效果。

## 认清现实，了解自己的能力界限

一个人只有了解自己的优缺点以及能力界限，看到自己的不足，才能有的放矢地进行弥补。

现代社会中的我们，应全方位地审视自己。审视，是一种积极的自我超越，正如每日照镜子一样，没有审视地活着，实际上是对自我存在的极不负责的纵容。当然，全方位审视自己，不仅包括发现自己的不足，还包括明确自己的优势。

**赢在情绪**

### 1. 找到自身优势所在

明确自己能力的大小，给自己打打分，通过对自己的分析，深入了解自身。根据过去的经验，推断未来可能的工作方向与机会，从而彻底解决"我能干什么"的问题。你的优势，即你所拥有的能力与潜力。

①我因什么而自豪？通过对最自豪的事情的分析，可以发现自身的优势，找到令自己成功的品质，譬如坚强、果断、智慧超群，从而挖掘出努力的动力之源。

②我学习了什么？要反复问自己：我有多少专业和社会实践知识？只有这样，才能明确自己已有的知识储备。

③我曾经做过什么？经历是个人最宝贵的财富，往往可以从侧面反映出一个人的素质、潜力状况。

### 2. 挖掘出自己的不足

①性格弱点。人无法避免与生俱来的弱点，必须正视，并尽量减少其对自己的影响。比如，如果你独立性太强，在与人合作的时候，可能就会缺乏默契，对此，要尽量克服。

②经验与经历中所欠缺的方面。每个人在经历和经验方面都有不足，但只要善于发现，努力克服，就会有所提高。

### 3. 自我反省

我们在取得成就之时，不可妄自尊大，也不可自负。人最难能可贵的就是胜不骄、败不馁，懂得自我反省，才会不断进步。

前世界首富、美国华顿公司的总裁山姆·沃尔顿创立了沃尔玛企业，资产超过250亿美元，他的家族现在还是世界上最有钱的家族之一。山姆·沃尔顿以前就会不断地去考察竞争对手的店面，看他们到底哪里比自己好？之后就问自己和员工：我们要如何做才能比竞争对手更好？我们有哪些服务不周的地方，需要我们改善？

下篇 调整自身情绪，别让坏情绪阻挡你前行

日本学者池田大作说："任何一种高尚的品格被顿悟时，都照亮了以前的黑暗。"只要我们多具备自省的心理，就能拥有高尚的品格。

每一个人都需要非常了解自己的优点和缺点，同时不断地改正自己的缺点，这样成功的概率会比较大。只有给自己心灵一面全方位的镜子，才能看清真正的自己，查缺补漏，从而不断地超越自己。

## 放低姿态，高高在上早晚跌落

在这个错综复杂、五彩缤纷的世界上，不同的人有不同的命运：有的人一生乐观豁达、与世无争，他们谦虚好学，平步青云，一路欢乐，让人赞扬和钦佩；有的人则骄傲自满、处处受阻，最终导致郁郁寡欢，碌碌无为，抱憾终生，遭人非议、鄙视、唾弃。很明显，我们都愿意选择前者。其实，这两种人生境遇的差异，究其原因，是为人"调"不同，低调做人是一种生存的大智，是一种韧性的技巧，是做人的一种美德。

美国有位牧师，第二天要去进行一次隆重的布道演讲，但踌躇再三，一直找不到合适的讲题，偏偏他的小孩又在边上捣乱。他就拿了一张世界地图，几下将它撕成碎片，交给小孩，说："如果你能将这张地图拼好，我给你两块钱。"小孩高高兴兴地拿过去了。牧师心想：这张地图够孩子忙上几个小时了，自己也正好准备一下演讲。岂料过了不到几分钟，小孩就兴高采烈地跑回来，说地图已经拼好。牧师接过一看，果然一张完整的世界地图又呈现在眼前，他奇怪地问："你怎么能这么快就拼好了呢？"小孩回答："地图反面是一张人头像，我把人头像拼好了，地图也就自然拼好了。"

从这个故事中，我们发现，人们常常有这样的思维模式：自己小有成就，自己的下属、晚辈则不如自己。但事实并非如此，任何人身上都有值得我们学习的地方。

天才作家卡里·纪伯伦在《贪心的紫罗兰》一文中讲了一则故事。玫瑰花

177

**赢在情绪**

听到邻居紫罗兰的哀叹，便笑着摇了摇头说："在百花群里，你最糊涂。你身在福中不知福。大自然赋予你其他花草都不具备的芳香、文雅和美貌。你要知道虚怀若谷的人，永远不会感到贫困和饥荒，且心胸开阔无比高尚。"

现实生活中，总是有这样一些人，在他们的眼里，谁都不如自己，目空一切。也许他们是有很多过人之处，但任何人都不是全才，如果停止了学习的脚步，就会故步自封，止步不前，甚至被社会淘汰。只有取人之长、补己之短，才能做到不断完善自己，少走人生弯路。

因此，无论现在你有多大的成就，都要虚怀若谷，只有做到这点，你才会有不断的收获。

过去的成功与失败，毕竟都已经成为过去，我们不必追悔，也不要沉迷。我们应该做的是，保持理智的头脑，在成绩面前不盲目自大，在事故面前不怨天尤人，始终保持良好的心态，做好正在做的事。

下篇 调整自身情绪,别让坏情绪阻挡你前行

# 第21章
# 从容前行,悔恨的情绪会阻碍前进的步伐

有人犯错,自责之后会更加努力地去弥补;有人犯错,自责过后却陷入长久的懊悔中不能自拔,以致无心向前看。如果我们不断地悔恨,那么,在一个个今天变成昨天时,我们的每一个"今天",都在用来追悔"昨天",也就是说,我们的每一个"昨天",都是错误的。人生漫长却又短暂,当我们老了,当我们回首往事的时候,难道会愿意发现,自己的一生都是错误的吗?停止那些无止尽的追悔吧!能够推动我们脚步的,只有适度的自省,从来不是泛滥的悔恨。一个一直活在悔恨中的人,又如何能欣赏前面的美景呢!

## 选自己所爱,爱自己所选

生活中,到处存在选择:选择高远,选择香甜,选择伟大,选择平凡,选择有无,选择是非……漫漫人生路,选择构成了我们人生精美的画面。人的一生会面临无数次的选择,但是有谁能做到选择后就没有后悔过?但实际上,后悔又有何用?

很多时候,我们总在叹惋,要是时间可以重来该有多好;要是当初能珍惜

时间，就不会有如此多的遗憾……我们总是在后悔。可是往事能重来吗？不能。我们为什么活在对过去的追悔中，甚至因此一蹶不振？为什么拥有的时候却不知道珍惜，失去时候才知道可贵？既然如此，我们就应该好好把握今天，抓紧一分一秒，不要把后悔留给明天！泰戈尔曾经说过："如果错过太阳时你流了泪，那么你也要错过群星了。"昨天是一张作废的支票，明天是一张期票，而今天则是我们唯一拥有的现金——所以应当聪明地把握。

泰戈尔有这样一句话："我曾错过太阳，但我不哭泣，因为那样我将错过星星和月亮。"没错，过去了就让它永远地成为回忆，失去了就永远地记住曾经拥有，即使再痛彻心扉、肝肠寸断，失去的也不能再得到，过去的也不会再回来，不如抓住眼前的一切，珍惜此刻所拥有的，说不定"星星和月亮"也会放出如同太阳一样的光辉，那样，我们将不会为错过"太阳"而苦恼、悔恨。因此，对于选择，要做到"选自己所爱，爱自己所选"。

"选择自己所爱"，意思是：当有机会"选择"，且在面临可以选择的人和事物时，要选择自己所爱的、自己喜欢的、自己中意的，这样起码对有机会选择的人来说，将来不会留下遗憾。

"爱自己所选"，意思是：做出了选择后，就要珍惜、尊重，就要执着，就要爱，就要对自己的选择投以热情、注入责任心……

可以说，这两句话是人们对生活"理想状态"的期望。的确，在人生的道路上，很多时候需要做出抉择。面对两难的选择，一些人迷惘了，他们把一切交给时间老人来定夺，时间老人回答说："你们不可能同时踏上两条道路，即使你们认为自己在抉择上已经很谨慎了，但你们要知道，谁也不能决定这个抉择到底是对还是错。"时间老人接着说，"很多时候，人的痛苦就在于抉择。其实，每条路都是一样的，只要我们用心选择。"你可以后悔，不过那只是你搬起石头砸自己的脚而已。不要轻易选择，选择了就要为结果负责！你可以后悔，但是一切都已不能挽回！

古诗有云："满目山河空念远，不如怜取眼前人。"任何人的一生，都是

不断抉择的一生，而抉择很多时候虽然痛苦，也必须坦然面对。因此，请不要活在过去的记忆里，不要怅然若失，真真切切地面对生活，那样你会感悟到严肃认真的选择是一种对美的追求。

## 做错过没什么，别错第二次

人无完人，每个人都有一些弱点，难免会犯错。但人也有懂得改错的优点，在犯过一次错误后，多半能从中吸取教训，找到错误的根源，从而避免再犯。因此，在错误面前，大可不必过分自责。然而，有些人却总是屡次做错同一件事。

某动物园内，一天，工作人员发现丢了一只袋鼠，丢的是一只高大的袋鼠。于是，工作人员开会商量对策，他们得出的结论是：丢失的是一只高大的袋鼠，因此，一定是栅栏的高度不够。于是，他们决定将围栏的高度由原来的2米加高到3米。可出乎意料的是，第二天袋鼠还是跑出来了，于是他们又将高度加高到4米。令工作人员百思不得其解的是，第三天袋鼠还是跑出来了，于是工作人员下定决心将围栏的高度加高到5米。然而这次更糟糕的是，袋鼠不仅跑了出来，还跑丢了几只。工作人员真的束手无策了。

那么，到底是什么原因让袋鼠得以逃跑呢？我们来看看袋鼠的回答。

一天，几只袋鼠闲聊："你们认为，那些人还会继续增高我们的围栏吗？"

"很难说，"一只袋鼠说，"如果他们继续忘记关门的话！"

看完这个寓言故事，我们不禁感叹，动物园的这些工作人员真是愚蠢之极：他们居然接二连三地犯同样一个错误。他们没有思考采用的方法是否行得通，而是在一条错误的道路上越走越远，结果一错再错。

这个故事给我们的教训是，无论是工作还是学习，如果发现在同一个问题

 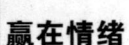

上接二连三地出现错误,那么,就应该重新考虑解决的方法是否正确。回头看看,也许答案就在身后。通常,我们经常忽略一些虽小却很关键的问题,因为人一旦形成一种思维定式,就很难再跳出来重新审视。

的确,在这个世界上,谁都难免犯错误。即使是大象,也有摔跤的时候。要不犯错误,除非什么事都不做,而这恰好是最基本的错误。从另一个方面看,避免犯错误的人,其成长道路也会受到限制。在现实中,仅有学校的知识是不够的,还必须具备社会的智慧。生活是最严厉的老师,与学校书本教育方式完全不同,生活的教育方式是,我们首先遭遇挫折,然后从中吸取教训。在学校,我们可能会因为没犯错误而被误认为是聪明的学生。而在生活中,我们的智慧恰恰是因为我们犯过错误,并且从中吸取教训。如果一个人真从所犯错误中吸取了教训,那么他的生活就会发生改变。因此,他获得的不是经验,而是智慧。

可见,对于错误,应有的态度是:对自己宽容,犯了错误不过分自责,同时要努力做到不再犯。

温斯顿·丘吉尔说过,成功,是一种从一个失败走到另一个失败,却能够始终不丧失信心的能力。因此,即使你做错了事,也不要总是责备自己。如果你已下定决心不再犯类似错误,更应该停止自责,然后,就应该摆脱这悔恨的纠缠,使自己有心情去做别的事情。如果悔恨的心情一直无法摆脱,一直苛责自己,懊恼不已,那就是一种病态。

## 别为已成定局的事而追悔

有人对人生做了一个很恰当的概括:人的一生可简单概括为昨天、今天、明天。这"三天"中,"今天"最重要。因为过去的已经成为事实,再去追悔也无济于事,而对于明天的事,谁也不能打包票,因此,我们要做的就是活好当下!

有人说，想过好今天，要学会做三件事。

第一件事是，"学会关门"。因为在昨天和今天之间有一扇门，把这扇门关紧了，就能变得快乐、轻松。

第二件事是，"学会计算"。人的一生如账本，有人记下的全部是问题、痛苦，而快乐的人记下的都是幸福，前者显然只会徒增烦恼。

第三件事是，"学会放弃"。请牢记："先舍后得；只有舍了，才会有得。"

在《郁离子》里有一个故事。

一个年轻人在路上碰到一位老者，这位老者正坐在路旁哭泣。这个年轻人感到有点好奇，于是上前询问："老人家，您为什么会这么悲伤啊？"

老人抬头看了他一下，回答道："我的命真苦啊。我年少时，当权的皇帝喜欢与武者交往，于是我便拜了一位武者为师。可待我学成之后，那位喜用武者的皇帝已经驾崩了。新皇帝则喜欢文士，于是我又拜了一个秀才为师。待我学成后，新皇帝却又喜欢以年少者为师，而我那时已两鬓斑白。就这样，我最后一事无成。现在我走在街上，忽然想起了这些经历，所以才在此痛哭啊！"

这位老者文武皆通，可谓多才，却一事无成，不得不让人叹惋。人的生命毕竟有限，有时候，某些目标的成功是幻想，是不可能实现的，如果把毕生的时间都花在追悔过去，而不去执行一些实际的计划，当年迈之时，只能悔之晚矣。学会放下执念，才能迎来新的人生。

"明日复明日，明日何其多。我生待明日，万事成蹉跎。"明天总是在前方，永远也够不着，因为来的时候已经是今天。只有今天，才是我们生命中最重要的一天；只有今天，才是我们生命中唯一可以把握的一天。

生命的意义永远蕴含在今天。昨天，无论是荆棘密布还是掌声处处，都没必要再去怀念、再去追悔。对过去的怀念或追悔，只是徒增自己的烦恼，干扰当下该做的事情。当然，检讨与反省过去、积累经验和教训是可以的，但没有必要因此而影响当下的情绪。心若改变，态度跟着改变；态度改变，习惯跟着改变；习惯改变，性格跟着改变；性格改变，人生跟着改变。

身处逆境，也要心怀感恩，心存喜乐，认真活在当下，真实活在今天，过

**赢在情绪**

好快乐的每一天。无论昨天遇到了什么，都要学会忘记，忘记过去的伤痛，拥抱阳光。做个坚强、优秀、温暖、快乐的人吧！

## 陷入悔恨中，就无法前进

有人说，人生像一只口袋，当袋口封上的时候，人们会发现，里面装的全是没有完成的东西和令人遗憾的东西。但即使如此，也不要一味地沉浸在悔恨和遗憾中，因为一旦陷入悔恨中，就无法取得新的进步。

生活中，关于得失，大可不必太在意，既然决定做了，拿起了就不要后悔，因为这个世界没有后悔药，要勇敢地面对自己的人生，因为人生的路都是自己走的，别人不能替你走。一个决定可能影响一个人的一生，就算失败也不后悔，大不了从头再来。没有人不想拥有一个精彩的人生，不想过舒服的生活，可是现实的环境没有人们想得那么好，所以要克服重重困难，达到人生的巅峰。有这样一个故事。

有一个少年，他在赶路时不小心把砂锅打碎了，可他头也不回继续前行。有人拦着告诉他砂锅碎了，少年却答道："碎了，回头又有什么用？"说罢继续赶路。

看完这个故事，我们不由为少年的睿智而喝彩。英国有句谚语：别为打翻的牛奶哭泣。这些都告诉我们：如果你不小心在人生旅途上栽了个跟头，千万不要沉浸在失败的阴影中，要调整好自己的状态，继续走好往后的每一步，否则等待你的将会是无尽的失败。

可见，若想取得进步，就要走出悔恨和自责的心理误区。当然，除此之外，还需要做到以下几点。

### 1. 自省

柏拉图说过，内省是做人的责任，人只有通过内省才能实现美德。一个善

于自省的人遇到问题往往会反求诸己,从自己的身上找原因,而不是把问题推到别人身上。

## 2. 自我纠错

美国"氢弹之父"爱德华·泰勒具有极好的自我纠错习惯,很多时候,他能自己否定那些在外人看来已经很了不起的见解,正因为这样,他最终沙里淘金,做出了不平凡的成就。

"碎了,回头又有什么用?"我们应该将这句话铭刻在心中,并提醒自己:别为打翻的牛奶哭泣!无论曾经犯下多大的错误,曾经有过多少失误,都不能成为我们停下前行脚步的理由,只有收拾好心情,尽力走好未来的每一步,我们才会有更美好的明天!

# 向昨天告别,开始新的人生旅途

人生如同一杯泡好的茶,有浮有沉,有高有低;有显赫与辉煌,有平凡与平淡,甚至还有在人生低谷受到的打击,感觉前途灰暗时的自卑与放弃……如果缺少这些快乐与痛苦、激动与伤心,那一个人的一生还完整吗?成功总是青睐那些走出人生低谷、勇往直前的人。当然,有人成功,也有人失败,有的人一生未走出糟糕的昨天,导致一辈子都庸碌无为,活在自己编织的悔恨中。

对于糟糕的昨天,我们越是抗拒,越是无法平和地面对。因此,要接受它,不要不断地反问自己"我怎么会这样呢?""我怎么会遇到这种事情?"这样,只会让痛苦加剧。

如果你能减少抗拒的时间,那么,你就能较早地走出来。比如,你的亲人去世了,你肯定会伤心、痛苦,但如果你能告诉自己"逝者已逝",那么,你会逐渐变得平和起来。相反,你越抗拒,痛苦持续的时间就越长,你面临的人生低潮也会越长。而接纳现状与"我不愿再烦恼了""我不可能再发展了,就

**赢在情绪**

接受这种状态吧"这样的态度是不同的，后者是一种消极待世的态度，而前者则是进取的，不断地采取积极行动，直到取得理想的结果。

其次，要对自己有信心，要相信自己能走出来，虽然现在正处于不好的情况，但自己一定能过这个坎，而且通过这些会变得更成熟更强壮。

这些人生低潮是上天赐给你的，让你成长、让你变强的礼物。有这样一个故事。

伟大的所罗门王曾经做过一个梦，在梦中，有个智者告诉他一句话，这句话犹如灵丹妙药一样可以治疗人在失意和得意时的种种病。但是所罗门王醒来时忘了这句话是什么，于是，他召集王国里最有智慧的长者，并给了他们一枚戒指，告诉他们，如果想出梦中的话，就把它刻在这枚戒指上。几天后，戒指被送还给所罗门王，上面刻着："一切都会过去！"

是啊，无论过去发生了什么，一切都会过去的，新的一天也会来临，请你相信它！

再者，情绪低潮期应该是我们重建自己的时候，因为可以由此重新审视自己，调整自己。我们从成功中学不到任何东西，成长来自于失败、低潮，当然，还需要你能正确地认识它，接受它。

人生有高潮就有低谷；人生如同一场游戏，没有定数，所以何必处处计较？不如保持信心与期待，胜不骄、败不馁，在这个美丽的人间留下自己坚实的足迹。或许你以为在你面前的是很难翻过的门槛，其实当事情过去以后，你会发现，它在你人生路上是多么不显眼，根本无须惊怕，所以，你应该重新扬起自信的风帆，鼓起劲儿摇桨，向成功的彼岸进发。

下篇 调整自身情绪，别让坏情绪阻挡你前行

# 第22章
# 社交情绪，你的感染力源于好心情

当今社会，我们很难遇到一个千人一面的环境。每个人都是独立的个体，都有着属于自己的个性和观念。在与他人的日常交往中，我们很难做到令每一个人都满意，和每一个人都交心。在与他人交流时，我们常常会遇到一些突如其来的"意外"，令我们手足无措，因此，对于自己的社交情绪，我们必须能够合理掌控。当我们的快乐、真诚、热情使周围的人都为之感染时，我们便会成为人群中的焦点，成为大家都喜爱交往的对象。

## 用真诚去亲近人，用快乐去感染人

社交生活中，能否成功地给他人留下良好的第一印象至关重要，在他人的第一印象中，衣着打扮固然很重要，但最重要的是精神状态。所以，当踏入一个陌生的场合时，如果能让大家感受到你的真诚与快乐，那么，你留给大家的第一印象就非常好，因为积极的情绪往往会感染人。

在日本，人们有这样一个生活规律：上午的时候，家庭主妇们会忙于打扫、洗衣服、煮饭，她们此时是不喜欢受到任何人打扰的。忙完这些以后，已经是下午4点钟了，此时，她们的孩子会睡觉，她们也有时间休息一下。

大亨保险公司的川木先生是个体贴的销售员，他只要看到某户人家晒

着尿布，就知道孩子刚睡，他就不会轻易按门铃，只是轻轻敲门，以示访问之意。主妇开门后，他会用最小的声音向一脸狐疑的母亲说："宝宝正在睡觉吧？我是大吉保险公司的川木，请多指教。4点多的时候，我会再来拜访一次。"

相信任何母亲都会对这样一位细心的销售员充满好感，即便不会邀请他进屋坐坐，也会面带笑容听对方把话说完。反之，如果大摇大摆地冲进去，结果只会被对方撵出来。这位推销员就是运用真情打动了客户。

的确，人际交往中，谁都拒绝不了他人的真心，这是因为真诚是这个世界上最美好的情感。当然，与人交往，除了要以诚相待，还应该保持快乐的情绪，这是因为快乐可以使悲观的人变得积极向上、豁达乐观，可以使懒惰的人变得勤奋、有朝气；快乐还能传递，可以感染别人、影响别人，甚至激励别人。

具体说来，我们该如何在交际中运用这两种积极的情绪呢？

### 1. 先让你自己变得快乐起来

建议你运用这样一个心理暗示，每天都对自己说："我要变得快乐！"并让这个自我激励深入潜意识中。当你在奋斗过程中精神不振的时候，潜意识就会引导你采取热情的行动，变消极为积极，激发奋斗的活力。

### 2. 让你的微笑活泼一点

每个人自打来到这个世界之初就会微笑，但随着年龄的增长，周遭事物变得复杂，我们似乎忘了自己的这个本能，我们总是给自己找一些借口：职场人士说自己每天需要应付很多工作，领导者们总说自己为企业的事操碎了心……尤其在陌生的环境里，微笑最容易被我们忽略。

如果你的微笑可以活泼一点的话，将更能表现你的真诚与快乐。无论是简单的一句"谢谢"，还是"对不起"，你都要言必由衷。一旦你的言词能自然而然地带着真诚的情感，你就拥有引人注意的能力了。

### 3. 真心关心他人

用情感打动他人，还需要我们懂得从对方心理的角度，说出最让对方感动的话。比如，在对方最无助的时候及时出现并说出安慰的话、关心客户最关心的人、多考虑对方的利益等，让对方真正感受到我们送去的温暖，对方自然愿意对我们打开心扉。

人际交往中，我们需要随时保持积极的情绪，真诚能帮助我们亲近他人，快乐能帮助我们感染他人，这两种情绪可以使不认识的人对自己微笑，可以融化他人的疑虑、冷漠、拒绝，换取他人对自己的信任和好感。

## 保持平衡心态，结交各种朋友

"结交新朋勿忘旧友，一如浓茶一如美酒，情谊之路长无尽头，愿这友谊天长地久。"这是一首儿童友谊歌。每个人都需要朋友，然而，很多人对结交朋友却有一种失衡的心理，他们害怕因交友不慎给自己带来麻烦，对他人采取防备的心理，甚至拒绝与他人做朋友，其实，这是因噎废食。人生路上，如果没有朋友相伴，我们势必孤单、难走。人与人之间的关系，一般会经历相遇、相识、相知这三个过程，即使是陌生人，只要真诚相待，也会成为你的下一个朋友。

小菲今年28岁了，已经工作了六年，到这个年纪还没有男朋友。小菲其实是很优秀的女孩子，22岁那年，她毕业于北京的某所名牌大学。虽然学习成绩顶尖，英语达到专业八级的水平，但她似乎不喜欢与人接触，害怕交际，上大学的时候，就有意避开各种公共场合，不愿和同学一起参加社会活动和聚会，所以，小菲几乎没有什么朋友。毕业后，小菲以优异的笔试成绩被一家公司录用。

在单位，容貌美丽的她很快引起了同事的注意，许多人邀请她参加各种聚

会，可是都被小菲拒绝了。小菲自己也奇怪，为什么她对聚会有种偏见，认为那些善于参加聚会的女人都是"交际花"，太张扬，她不想成为那样的人。而且，因为从来不参加聚会活动的缘故，她非常恐惧那些社交场合，不知道怎么说话，不知道该和谁说话。

就这样，小菲逐渐脱离了同事们的视线，毕竟，没有人愿意与一个"冷美人"交往。在公司里，她越来越孤立，朋友越来越少，每天都只是往返于家和公司两点一线，工作六年了，连男朋友也没有。看到这种情景，小菲真的开始担心了……

其实，小菲之所以出现这样的交往状况，是因为她对社交有恐惧心理，一方面是因为对参加社交活动有偏见，另一方面则是因为她不愿意接受这种锻炼。越不参加聚会，就越不敢参加；越不敢参加，就越不参加……于是，一个恶性循环束缚住了小菲的社交脚步。

生活中，人一旦有了一种先入为主的观念，就很难改变。人与人之间之所以会产生成见，很多时候，就是因为双方都不肯跨出第一步。如果不肯跨出社交的第一步，不肯主动接纳别人，就会导致朋友的流失。其实，偏见的产生是由于你的主观臆测，在抱着偏见与某人相处时，你很难发现他的"庐山真面目"。

因此，在与人交往的时候，没必要处处设防。但是有些年轻人谨遵长辈们的教诲：害人之心不可有，防人之心不可无。无意中，他们放大了后半句，因此产生了不信任的心理。这种不信任是人际交往的大敌，影响着我们对好坏的判断，也会让我们拒人于千里之外。

要记住：你怎样对待别人，别人就会怎样对待你；接纳对方，才能被对方接纳。所有的一切全部由你的态度决定！

与人交往，不要摆出一副冷冰冰的态度和架势，这只会让那些原本愿意与你结交的人望而却步。只有积极、热情、真诚，才能融化人与人之间的冰山。

下篇 调整自身情绪，别让坏情绪阻挡你前行

## 学会自嘲，保持健康社交心态

有人说，人生是条单行线，生活不能彩排。谁都有可能遭遇尴尬之事，弄得自己手足无措，狼狈不堪。如何应对尴尬则是一门不小的学问，有着应用性和实践性，反映出一个人的修养、机敏和智慧。那么，如何将尴尬巧妙地化解呢？自嘲不失为一种行之有效的方法。一句玩笑话会让你的错误或者缺点也变得可爱。

乔羽不但歌词写得好，话也说得妙，乔羽的幽默诙谐、能"侃"会说在京城文艺圈内久负盛名。

据报载，某年6月中旬，中国民族声乐比赛初评在武汉举行，乔羽是评委之一。在有火炉之称的武汉一天三班地连续听录音，对65岁的乔羽来说可不轻松。为了解闷，乔羽不断地抽烟，一边抽还一边念念有词："革命小烟天天抽。"也是评委的歌唱家邓玉华为乔羽补充了三句，成了一首打油诗："革命小烟天天抽，遇到困难不犯愁；袅袅青烟佛祖嗅，体魄康健心长寿。"乔羽听罢，微微一笑，他联想到邓玉华每餐节食的情景，也回敬了一首："革命小姐天天愁，腹围过了三尺九；干脆天天吃肥肉，明天又到四尺九。"众人听后都捧腹大笑，连日来的劳累烟消云散。

乔羽不是美男子，由于头发稀少，不熟悉他的人，往往容易将65岁的乔羽判断为七八十岁的老人。但乔羽从未感到自己老，他说："我从18岁就开始脱发了，看来是不会再长了，索性毛全掉光，成了老猴子，到用不着理发了。我心里从没有感到老。年龄是你的一种心理上的感受，你觉得自己老了，即使年轻也真的老了；你觉得自己还年轻，即使老了你也还年轻。"

乔羽头发稀少，甚至被误认为是七八十岁的老人，但他丝毫不自卑，从他自我嘲解的一番话中便可发现。他是个有着自信、乐观、积极向上的精神面貌的人，而"倒用不着理发了"一句则在幽默之中透露出了乔羽的豁达心境。这样的人，是富有人情味的，也是让人钦佩的。

因此，幽默的第一步，就是先学会放开心境，敢于开自己的玩笑，这就要我们学会从生活的点滴中发现那些关于自己的一些可笑的话题。这样，既让别人有喘一口气的机会，也让自己从遥不可及的宝座上滚落红尘，与众生同声一笑。

人际交往中，在人前蒙羞、处境尴尬时，用自嘲来对付窘境，不仅能很容易找到台阶，而且会产生幽默的效果。所以，自我解嘲是一种很高明的脱身手段。

对于尴尬和难堪的局面，要想摆脱，就应该及时调整自己的心态，要学会拿得起放得下，敢于开自己的玩笑，这样不仅可以使自己的情绪得到放松，还能博他人一笑，让他人对自己有一个全新的、积极的认识。

## 人际关系需要从容的好情绪维护

人与人之间的感情很微妙，再好的朋友，三天不联系，关系也会冷淡下来；而和那些我们不想与之深交的人"朝夕相处"，我们也会从心理上接受他。可见，友谊需要我们悉心地维护。在人际关系的维护中，我们必须要有一份从容的好情绪，毕竟人与人是不同的，我们不可能让每个人在刚开始就接纳我们，交往过程中，也会因各种原因而产生隔阂、误会等，只有好情绪，才能让我们以宽广的心胸去包容、以理智的思维去解决问题。

马克是一家大型汽车公司的职员，由于工作出色，不到两年的时间，他一路高升，坐到了经理的位子。而几位当初和他一起进公司的员工，现在也算是元老级的，可是限于能力和机会，至今仍是多年前的原状。因此在大家相处时，马克总觉得不太自然，甚至还有些战战兢兢。

刚开始，为了避免老同事们指责他过于高傲和表现自己的诚意，他三番四次地请这几位老同事吃饭，而且说话比过去更加小心、客气。但这似乎并没有帮助他消除误会，反而让这些人背后嚼舌根子，认为马克肯定是借请客吃饭爬到了今天的位子。马克最终落了个"赔了夫人又折兵"的后果。

下篇 调整自身情绪，别让坏情绪阻挡你前行

马克静下心来想清楚后，决定不让自己再受那些心理包袱的折磨，轻装上阵，焕发了往日的大将风采。公事上，马克不再逢迎那些老同事，谨记"大公无私"的原则，若是自己的直接下属，就采取冷静的态度，奖惩分明，说一不二，绝不再抱"大家都共事这么多年了，算了吧！"的想法。只要态度诚恳，就不怕对方误解生气。私底下，仍然与他们保持一定距离，投契的就当作朋友一般看待，不能合拍的，也不再刻意去改善。若不属于自己的直接下属，公事上很少相交，那就更简单好办了，平日见面，也就直接"友善"一下。

马克的经历告诉我们，与人为善是改善人际关系的一个主要原则，尤其是对与自己合不来的人，但我们更应该做到从容面对，不丧失自己的原则，这才是立世之本。

那么，怎样才能做到从容面对？

### 1. 主动交往，关心对方

人们参与交际的一个潜在动力是寻求呵护。因此，与人交往的过程中，如果你能主动关心他人，帮助他人，让对方的心理需要得到满足，对方一定会感到莫大的呵护感，因而更加信赖你，未来交际的可信度与有效度会明显提高，对方与你交往的渴望程度也会大大增加。

### 2. 弱化和朋友间的竞争

人与人之间，尤其是朋友间，最大的致命伤就是激烈的竞争，包括嫉妒。竞争，尤其是恶性竞争，着实会让人感到杀机四伏，也会让友谊产生裂痕。因此，不妨主动向对方表明心迹，这样，对方也会以诚相待，愿意与你接触，和你发展友谊。这是优化交际环境、提高交际质量的根本策略。

### 3. 注意交往适度

与朋友接触，的确可以加深感情，但要注意度，即使再亲密的朋友，也需要有个人空间，如果你为了结交友谊而占有对方的私人空间，恐怕就会事与愿违了。

赢在情绪

我们要想保持友谊，就需要持续地接触，但维护人际关系，需要我们不骄不躁、从容应对。只有这样，你才能攻破对方最后的心理防线，成为其真正意义上的朋友。

## 保持热情，学会主动帮助他人

良好印象的形成中，热情是第一个被对方感知到的品质，这也是人际交往中的心理规则。因为人们总是有这样的感觉，那些热情的人肯定有其他一些良好的品质，如有爱心、乐于助人、对生活保持乐观态度、容易接近等，这些都是人们在交往中希望看到的。比如，工作中，当一个人感到周围某个同事对他十分关心时，心中就会有一种温暖、安全的感觉，会充满自信和快乐。"投我以木瓜，报之以琼瑶。"自己既然受了别人的关心，也同样会关心别人，这样相互之间就容易形成一种友好、亲密的关系。

陈伟是一家大公司的小主管，负责采购等一些小事宜。有一次，公司采购部的车出了问题，而刚好总经理专用车司机刘师傅的轿车停在附近，出于方便，刘师傅准备载陈伟一程，于是陈伟第一次坐上了刘师傅开的轿车。当时正值交通高峰时间，路上十分拥挤，而陈伟还赶时间，刘师傅也着急得不得了。这时，陈伟开口安慰刘师傅道："刘师傅，这么多年，你每天都要在这样的交通状况下负责总经理的出行，真是很辛苦啊。"想不到这句衷心的关心之语，使刘师傅非常高兴。因为他已经做总经理的司机十年了，十年来，连总经理都没跟他说过一句"辛苦了"。刘师傅感动得不得了。后来，刘师傅对当时的情景念念不忘，在私下里经常主动帮陈伟的忙，再后来陈伟升到采购部经理，他还时常地夸奖陈伟，说经理体恤下属、慧眼识英才等。

故事中的陈伟之所以会与刘师傅结下良好的关系，就在于其简单的一句关心的话："辛苦了。"有时候，简单的三个字"辛苦了"就是最好的关心。当然，我们要想拥有好人缘，就要真心关怀身边的人，真正做到发自内心地体会别人

的感受，久而久之，对方一定会被我们打动。

具体来说，需要我们做到以下两个方面。

### 1. 要主动与同事交往

人际关系是在"互动"中发生联系和变化的。人际关系要密切，彼此的交往是前提。交往水平越高，人际关系就越容易密切，反之亦然。

### 2. 多关心对方，哪怕再小的事

要知道，认同感的产生，表明你赢得了对方的好感。通常情况下，如果你将这种好感搁浅，你们会返回到陌生人的状态。因此，你不妨多关心对方，这种关系自然会深化。

比如，你可以经常赞美对方的变化，从小处赞美，哪怕是个小小的饰品，稍有变化地赞美几句，会让对方感觉很愉快；还有，你可以将对方的名字写在记事簿的首页。表示对别人关心的方法很多，其中，记住对方曾经说过的话，然后向对方表示"您曾说过……"是相当好的一种方法，另外，记住对方的爱好，并时常表示一下，也会让其欣喜万分。

生活中常会有意外发生，如果同事突然碰到不测之事，要及时地、真心地安慰他们，对他们多些探望，多些陪伴，多些帮助。

与人交往，我们应保持热情，真诚地关心他人，当他人有求于己时，只要是正当的，就要尽己可能满足对方的要求；当看到别人有困难时，要主动去帮助、关心。

赢在情绪

# 第23章
# 家庭情绪，给最亲的人最好的心情状态

家庭是我们最温暖的港湾，无论在外面如何奔波劳碌、漂泊流浪，一旦回到家中，我们所有的疲惫和伤口，都能被家的温馨所驱散。然而，不可忽视的是，家庭的温暖，需要所有家庭成员共同维护。因此，不管在外面有多么辛苦，进门前，抛去一切，让微笑重新挂在嘴边，让家人看到一个开心快乐的你。你也只需要一个微笑，就能够给家人一段轻松惬意的美好时光，给自己一个温暖舒适的港湾，何乐而不为？

## 把好心情带回家，家是避风的港湾

我们的心情常常会因为一点小事而受到影响，坏情绪会使人食欲不振、精神萎靡、思维迟钝，坏情绪同样还有传染性。不知你是否曾留意过，一个家庭中，若长辈不高兴，全家都会小心翼翼；孩子不高兴，家庭中也没有了欢声笑语；一个人不高兴，一屋子的人都会不开心，正所谓"一人向隅，举座不欢"也。因此，我们有必要将坏情绪挡在家门之外。

有这样一个故事。

夜幕降临了，酒吧的角落里，一个美丽的女人独坐在那里独饮，她神情阴郁，眼里充满了忧伤。

一个男士远远地看着，这女人八成是失恋或婚姻受了打击，如果我过

## 下篇 调整自身情绪，别让坏情绪阻挡你前行

去安慰她，或许会有故事发生。想着，这个男士就过去请求陪女人喝酒。女人答应了，边喝边告诉男士她在公司遇到的不开心的事。男士体贴地听着，安慰着，劝说着。时间慢慢过去了，漂亮女人的脸上有了笑容。男士心里想：女人会用什么方式感谢自己呢？正想入非非时，漂亮女人说："非常感谢你安慰我，开导我，现在我要回家了，我老公还在等我。曾经我们相约过，两个人不能把坏心情带回家，所以我在酒吧里想把不快消散，结果遇到了你。非常感谢，再见！"说完，漂亮女人回家了，留下了一脸惊愕的男士。

故事中的女人是明智的，正如她所说的，我们不要把不快带回家。的确，每天走出家门，我们就要面临高强度的工作和复杂的人际关系，心情难免会受到影响。有人认为，家是应该呈现真实的地方，应该是避风港，心情不好了，就应该在家中宣泄，用不着压抑自己。因此，他们一回到家，就开始咆哮、宣泄起来，结果家人成了他们的出气筒，让家笼罩在一片痛苦之中，造成了家庭的情绪污染，一家人都高兴不起来。

那么，如何防止家庭情绪污染呢？这就需要家庭中的每一个成员都能在回家前将自己的坏情绪关在门外，你要明白，你连你的朋友、同事甚至陌生人都不愿意伤害，为什么要伤害自己的亲人呢？

当然，不把坏情绪带回家，并不是说一个人承担所有的痛苦和压力，我们还得学会分担，与家人一起分担是一种相互关爱的表现。这其中，关键是要把握好尺度，分清事情的轻重缓急，不能因为自己的事情扰乱了一家人的宁静与和谐，要把坏情绪带给家人的影响降到最低程度，而问题又能得到解决，否则就不要将坏情绪带回去。

除了不把外面的不良情绪带回家外，在家庭中，也不要为一些鸡毛蒜皮的小事而耿耿于怀，因为那样也会影响家人的情绪。人总有情绪低落的时候，每当这时，一是要有忍耐和克制精神，二是要学会情绪转移。

因此，我们有必要每天问问自己：今天，我将坏情绪带回家了吗？

家是一个人心灵的港湾，是释放自己的场所，亲人是我们最坚强的支柱。但这并不代表亲人是我们的出气筒，要知道，家人不开心，也会使自己不愉快。

**赢在情绪**

家中的每个人都忙碌了一天,若再被你的坏情绪影响,你于心何忍?因此,在进家门之前,你最好能调整好心情,把好情绪带回家。

## 学会让你的亲人们保持好心情

我们生活在快节奏的年代,要承受巨大的生存压力,要维持自身和家庭的生活水准,要面对人生一个又一个的转折点,还要和形形色色的人打交道……但无论我们的生活状况如何,只要回到那个温馨、惬意的家中,所有的精神压力就都烟消云散了。温馨的家庭会给我们足够的温暖、爱和动力,那些幸福、和睦的家庭,都是充满欢声笑语的,都是快乐的。

老王有个可爱的女儿,小姑娘长得很招人喜欢,但就是有个不足的地方:牙齿不整齐。于是,老王和妻子商量让女儿戴一段时间的牙套。

自打女儿戴上牙套开始,老王和妻子就格外关心孩子的牙齿矫正程度,有事没事就让女儿张大嘴,扳着她的下巴翻来覆去地看。女儿每次很配合,高兴地张大嘴巴问她的牙齿比以前变漂亮了没有。老王发现,可能是这么小的孩子带着金属牙套很显眼,现在,不光他和老婆对女儿的牙很好奇,周围邻居以及女儿的同学也经常央求女儿张开嘴巴让他们看个究竟。

这天放学,孩子舅舅替老王把孩子接回家后,老王放下手里的活儿,像往常一样让女儿张开嘴,想看看她的牙。女儿却紧咬嘴唇不让看,老王不解地看着她,问:"咋了?我只是看看你的牙变齐了没有,变漂亮了没有,以前你都乖乖地让爸爸看的,今天这是怎么了?"女儿向站在一边窃笑的舅舅做个鬼脸,嘿嘿一笑说:"不让看,就是不让看。你若真想看得拿钱,我让舅舅看了好几眼,他一下奖给我好几百哩。"

小舅子和老王开的玩笑很巧妙,关心孩子、给孩子钱都是用幽默的方式,从这个幽默中反映出家人对孩子的喜爱,以及老王一家人关系的和谐。

可能很多人认为,交际只指外面的大社会,家庭这个小社会不需要。实际上,并非如此,家庭不仅需要交际,还非常需要家庭成员都保持快乐的心情,

只有这样，才能营造出幸福的家庭氛围。

我们每个人都希望生活在幸福的家庭中，要做到这一点，就需要我们保持快乐的心情，这样就可以使家庭生活摆脱沉闷。这样的家庭是富有生机的，因为家中的每个人都能感受亲人对自己的关心和爱护；这样的家庭就像一个乐园，欢笑和美好充满每一个角落，对小孩子健康成长、老年人安度晚年、中坚力量更好持家都是非常有益的。

## 快乐的家庭氛围带给人幸福

提起家庭生活，我们想到的多半是人伦之乐，的确，家庭生活是温馨、幸福的，然而，家庭生活也是琐碎的，每天除了柴米油盐，就是锅碗瓢盆。常言道：家庭是一盆稀泥，谁和得好，谁的家庭就幸福。如果凡事都较真，非得争出个胜负，那就没水平了。懂得经营生活的人往往会随时关注身边亲人的情绪，一旦发现亲人心情不好，便去寻找解决之道，让亲人保持好心情是他们家庭温馨和睦的重要原因。

这天，正在上班的老王接到学校老师的电话，原来，儿子违反校规了。他知道儿子有隔着很远距离向废纸篓内投杂物的习惯，即使杂物散落在外也置之不理。儿子在学校也是这样。乱丢乱扔是学校反对的不良习惯，也是班级公约禁止的行为。对此，老王很生气，准备晚上回家后好好教育儿子。

晚上，老王把儿子叫到书房时，儿子是一副诚惶诚恐的模样，想来他已经知道爸爸找他所为何事，似乎也做好了接受疾风暴雨式"批斗"的心理准备。老王这时候突然想到，一旦孩子处于这种高度防范的状态，任何不理智的手段和方法，不仅无法收到预期的教育效果，甚至可能引发对立和对抗。换一种教育方式，说不定会出奇制胜，老王决定试一试。

于是，老王故作随意地问："你是不是比较喜欢打篮球？"儿子听了一怔，继而不好意思地挠了挠头说："还行，但球技不怎么样。"

"是吗？所以你就想借助一切机会来练习自己的投篮——"

听爸爸这么一说,本来已经满脸通红的儿子愈发显得局促不安。最终的结果是,儿子不但承认了自己乱丢乱扔杂物的错误,而且真诚地表示要努力加以改正。一次本当"秋风扫落叶"般的教育以幽默的方式取得了令人满意的教育效果,老王深以为幸。自打这次之后,他与儿子的关系更密切了,因为孩子认为,他的父亲很理解他。

这则故事中,老王很好地调适了孩子的心情,几句简单的话,不仅让孩子接受了教育,还拉近了与孩子之间的距离。

那么,日常生活中,我们如何才能让亲人保持良好的心情呢?

### 1. 适当尊重

不要以为亲人之间生活在同一屋檐下、再熟悉不过就不需要尊重,其实,无论是孩子还是老人,甚至是你的爱人,都要以尊重为前提。互相友爱、上慈下孝,家庭环境自然会和睦。

### 2. 理解最重要

家人心情不好时,应该以理解的心态与之交流,帮助其解开心结,就像上述故事中的老王一样,如此,家人间的关系自然会更亲密。

亲人之间互相尊重、理解并关心,会让家庭环境温馨、和睦,这样的家庭生活会使人时刻保持良好的心情,对生活充满向往和希望。这样家庭中的成员,无论是工作还是学习,都是精神饱满、积极向上、劲头十足的。

## 用包容的心去对待家里的亲人

我们每个人,都希望自己生活在快乐、轻松、和谐的家庭环境中,但事实上,每个家庭都少不了冲突、矛盾,这也是家庭关系的现实。哪怕是在有着相同血脉的亲人之间,相处时也需要理解、耐心和包容。毕竟生活本就是烦琐的,少不了摩擦,于是,责备与争吵便开始了,矛盾便产生了。

## 下篇 调整自身情绪，别让坏情绪阻挡你前行

有这样一个故事，两对夫妻一起打羽毛球，自然要分成两组。按照常理，应该是每个先生与自己的太太一组，但奇怪的是，夫妻俩一起打球，总是吵来吵去，不是妻子责怪丈夫，就是丈夫指责妻子，两个人互相埋怨，最终无法打下去。后来，裁判员想出一个办法，让这两对夫妻换过来，即丈夫与对方的太太一组，效果如何？这么调换之后，两边无不"杀"得兴高采烈，满场飞腾。

从这个小故事中可以发现，人们似乎总是对自己身边的亲人过分苛刻，而把宽容留给了别人。比如，有些丈夫，对待周围的朋友、同事都客客气气的，即使对方做了一些伤害自己的事也能原谅，可一回到家中，却对自己的妻子抱怨不断，即使妻子已经做得非常好。其实，宽容别人，就等于给自己一个新的机会。

当今社会，人与人之间的竞争激烈，各种压力也随之而来，我们最应该感谢和依靠的永远是我们的亲人。当你遇到挫折的时候，是你的亲人安慰你、包容你，任凭你发泄；当你深夜不归的时候，是你的亲人在担心你、惦记你；当你生病起不来的时候，是你的亲人嘘寒问暖、床前床后地照顾你。无论发生过什么，只有你的亲人一如既往地关心你。所以，要珍惜亲人，学会宽容。

如果退一步，多想对方的好、少想对方的坏，多一点宽容、少一点责备，那么，情况是不是会好很多呢？比如，如果你发现你的丈夫一脸不高兴，他可能是在工作上遇到了什么不顺心的事，可能是被上司训斥了，也可能是身体不舒服，而并不是因为你，那么，你不妨为他端上一杯咖啡，对他笑一笑。得到了你的安慰，他的心情一定会好很多。

血浓于水，我们的亲人都是爱我们的，他们希望我们快乐、健康、成功。但他们不是先知，他们的决定也不全是正确的，因为有时他们会站在经验的角度去为你考虑问题。但我们自己做出的选择就一定正确吗？我们不也是经常后悔吗？我们可以原谅自己，可以原谅伤害过我们的人，可以原谅交情泛泛的同事领导，为何却要一味地苛责深爱自己的亲人呢？

生活中，我们每个人都要反省：我们总是能包容那些和我们没有什么关系的外人，甚至是我们的对手、仇人，那么，为什么要对自己的亲人如此苛刻呢？换一种心境和他们相处吧，毕竟他们是你的亲人。

赢在情绪

## 温馨的家庭是孩子健康成长的保证

生活中，我们每个人都像一只小船，家庭则是我们的港湾，它能给我们带来安全感。同样，每一个孩子，也需要这样一个温馨、和谐的家，只有在这样的家庭环境下，孩子才会感觉到轻松、安全、心情舒畅、情绪稳定，才能健康成长。因此，家庭中的父母、长辈，都应该以快乐的情绪生活，为孩子营造一个温馨和睦的家庭氛围。

小小是个很可爱的孩子，但就在她三岁的时候，最疼爱她的爸爸在一次车祸中去世。小小由妈妈独自抚养。妈妈把全部希望都寄托在小小身上，要她好好读书，日后成为一个有作为的人。

虽然妈妈对小小寄予了很大希望，自己省吃俭用供小小读书，但是小小的成绩总是很差。妈妈想尽一切办法帮助小小，可还是不见起色。后来经过观察，妈妈发现这与自己的家庭氛围有关。妈妈性格内向，加上小小爸爸去世的打击、生活的压力，总是愁眉不展，因此，家里一直笼罩着沉重的气氛。久而久之，小小的心灵就蒙上了阴影，心事重重。

瑞典教育家爱伦·凯指出：环境对人的成长非常重要，良好的环境是孩子形成正确思想和优秀人格的基础。这个故事充分说明了家庭环境对人的影响之大。

曾经有专家对一些婴幼儿进行跟踪调查，调查表明，那些生长于和谐、温馨的家庭氛围中的儿童都有这样一些优点：活泼开朗，大方友善，勤奋好学，求知欲强，智力发展水平高，有开拓进取精神，思想活跃，善于合作，富于同情心。

根据一项来自少管所的调查，不少孩子的父母不和，在家中经常吵架，甚至离异，全然无视子女的教育，严重影响了孩子的身心健康发展，致使孩子走上邪路。

在那些幸福、温馨的家庭中，成员之间是互相信任的，这样的环境其感染力是巨大的，潜移默化地使孩子无形中学会了热情、诚实、善良、正直、关心

他人等优秀品质。

另外，在这样的家庭环境中，成员之间是互相爱护的，家长对孩子疼爱有加，花更多的精力关心孩子，这有利于孩子的智力开发、知识经验的积累以及能力的提高，为以后的学习打好基础。

孩子犹如一株嫩苗，在和谐的家庭中才能健康地成长。为了孩子，也为了全家的幸福，父母长辈们应该随时保持好心情，从而为孩子创造一个良好的成长环境。

良好的家庭情感、和谐的家庭气氛给孩子以良性影响，为了使孩子形成优良的个性品质，健康成长，每一位家长都应重视营造温馨和睦的家庭环境，肩负起自己的责任。

赢在情绪

# 第24章
# 职场情绪，记住要保持住积极的热情

刚刚踏入职场时，相信所有人都满怀热忱，每天都以一颗积极向上的心迎接新的挑战。然而，当时光渐渐逝去，在有些人的眼中，工作却慢慢变成了负累，变成了生命中不得不去应付的差事。其实，既然工作是人生中必不可少的部分，我们为什么不能化任务为乐趣，开心地完成这一段旅途呢？当我们为了工作而倾心倾力，以对待兴趣的态度对待工作时，每天重复的路程，我们也能看到新的风景。

## 专注对待工作，收获事业的硕果

人生在世，要有一番成就，就必须要有目标，这是毋庸置疑的。正是因为这一点，很多人认为自己当下的工作根本谈不上"惊天动地的事业"，于是，他们总是渴望拥有一份更能发挥自己能力与价值的工作，对自己的本职工作便心不在焉。而实际上，热爱自己的工作并做到专心致志、全力以赴，是每个社会人的职责，也是让自己快乐的源泉。全心全意地做好手头工作时，就会产生火热的激情，就会全力以赴，久而久之，自己的努力必定得到回报，自己也将因出色的表现而获得巨大成就。相反，失去热情，必然失去继续前

行的动力；失去激情，必然失去战胜困难的勇气。不敢面对挑战，这样的人生必然乏味而无聊。

孔子带领学生去楚国采风。他们一行从树林中走出来，看见一位驼背翁正在捕蝉，老翁拿着竹竿粘捕树上的蝉，就像在地上拾取东西一样自如。

"老先生捕蝉的技术真高超。"孔子恭敬地对老翁表示称赞后问："您对捕蝉想必是有什么妙法吧？"

"方法肯定是有的，我练捕蝉五六个月后，在竿上垒放两粒粘丸而不掉下，蝉便很少有逃脱的；如垒三粒粘丸仍不落地，蝉十有八九会捕住；如能将五粒粘丸垒在竹竿上，捕蝉就会像在地上拾东西一样简单容易了。"捕蝉翁说到此处，捋捋胡须，严肃地对孔子的学生们传授经验。

他说："捕蝉首先要练站功和臂力。捕蝉时身体定在那里，要像竖立的树桩那样纹丝不动；竹竿从胳膊上伸出去，要像控制树枝一样不颤抖。另外，注意力高度集中，无论天大地广，万物繁多，在我心里只有蝉的翅膀。专心致志，神情专一，精神到了这番境界，捕起蝉来，那还能不手到擒来、得心应手吗？"大家听完老人捕蝉的经验之谈，无不感慨万分。

孔子对身边的弟子深有感触地说："神情专注，专心致志，才能出神入化，得心应手。捕蝉老翁讲的可是做人做事的大道理啊！"

驼背翁捕蝉的故事向我们昭示了一个道理：对工作专心致志、心无旁骛，才能出色地完成工作，把工作做好做到位，从而取得成功。

戴尔·卡耐基曾根据很多年轻人失败的教训得出一个结论："年轻人事业失败的一个根本原因，就是精力分散，不能专注于工作。"事实的确如此，许多人之所以失败了，是因为他们没有将目标集中在一个方向上。

一个人做自己擅长的事，脚踏实地是做成大事的另一法宝。每个人在自己年轻的时候，总会有梦想，要么是科学家，要么是作家，要么是商人……但最终，并不是每个人都能实现自己的梦想，这是为什么呢？因为并不是每个人都能一步一个脚印地朝着自己的目标努力。

赢在情绪

## 少一丝抱怨，多一分耕耘

人们每天都要为生活奔波，每天都要踏入职场，每天都要面临紧张的工作，还要处理复杂的人际关系，于是，开始抱怨生活，抱怨上司，抱怨同事，抱怨薪水低，抱怨工作任务重……不知道从什么时候起，抱怨演变成了一场瘟疫。被抱怨包围着的人，似乎从来没有顺心过，似乎再也遇不到高兴的事；高兴的事情被抛在脑后，不顺心的事情总挂在嘴边。因为抱怨，他们不仅把自己搞得很烦躁，也把别人搞得很不安。而实际上，抱怨对于事情的解决毫无益处，只会让我们在忙碌中兜圈子。相反，如果能心平气和地正视问题，理清自己的思绪，那么，找到解决问题的方法的概率便会大大提高。

小李高考落榜后，就在一家汽车修理厂工作。从工作的第一天开始，他就对自己的工作充满了不满，开始抱怨："修理这活太脏了，瞧瞧我身上弄的。""真累呀，我简直要讨厌死这份工作了。""要不是考试中出了点失误，我现在都是名牌大学的学生了。做修理这活太丢人了！"

每天，小李都在煎熬和痛苦中过日子，但他又害怕失去手上这份工作，于是，只要师傅不在，他就耍滑偷懒，应付手中的工作。

几年过去了，与小李一同进厂的三个工友，凭着各自的手艺，或另谋高就，或被公司送进大学进修，唯独小李，仍旧在抱怨声中做他蔑视的修理工。

可见，身处职场的人，无论从事什么工作，要想取得成绩，就必须拿出全部的热情。如果像小李那样鄙视、厌恶自己的工作，对它投注"冷淡"的目光，那么，即使从事最不平凡的工作，也不会有所成就。

工作中，无论是出现了问题，还是为了取得更好的成绩，我们都不能一味地抱怨，抱怨只会让自己失去动力，让事情恶化。要记住一点，我们的最终目标是解决问题，而不是发泄情绪。

抱怨会破坏一个人的潜意识。你是否有这样的体会：一旦抱怨，手上正在做的工作就会不自觉地慢下来或者停下来，因为需要时间和精力去为自己鸣不

平、讨公道，久而久之，不仅直接影响工作和生活，还影响心情和心态。真正的勇者，从不抱怨，总是能冷静地看待世界，审视自己，最终成就自己。

事实上，没有一种令人十分满意的生活、工作模式，一不满意就容易产生抱怨。但如果动不动就抱怨，而不是以一种积极的心态去解决问题，就等于拿石头砸自己的脚，于人于己于事都无益。所以，每个人都应该认识到：工作，是实现自己人生价值的方式之一，其本身就是幸福的源泉之一。

## 把积极热忱的情绪带到工作中

身处职场，可能很多人会觉得自己的工作是烦琐的、枯燥的，其实，一件工作有趣与否，取决于你的看法。对于工作，我们可以做好，也可以做坏；可以高高兴兴和骄傲地做，也可以愁眉苦脸和厌恶地做；如何去做，完全在于我们。所以，只要你在工作，何不让自己充满活力与热情呢？无论你现在从事什么样的工作，都应该学会热爱它，即使这份工作你不太喜欢，也要尽一切能力去转变，并凭借这种热爱去发掘内心蕴藏着的活力、热情和巨大的创造力。事实上，你对自己的工作越热爱，决心越大，工作效率就越高。

当你抱有这样的热情时，上班就不再是一件苦差事，工作就变成了一种乐趣，就会有许多人愿意聘请你来做你热爱的事。如果你对工作充满了热爱，你就会从中获得巨大的快乐。

朱莉现在已经是一家连锁餐饮企业的老板了，现在的她，每天脸上都挂满笑容。而六年前，她只不过是一家餐厅的侍应生。她的丈夫保罗是一名交警。虽然那时候他们每天都很快乐，但都梦想着有一天能拥有自己的事业。他们特别喜欢冰激凌，并为经营冰激凌店做了一些调查工作，却没有发现合适的机会。

有一次，一个客人来店里吃饭，朱莉无意中和他聊了几句，原来，对方是一家名为"酷圣石"的冰激凌店的老板。这引起了朱莉的兴趣，经过数次的拜

访和考察，她和丈夫一致认为这就是他们长期以来所寻找的机遇。于是，他们决定冒险投资。

当你进入朱莉的这家冰激凌店之后，会发现，朱莉工作起来是如此热情洋溢。不论你什么时间去买冰激凌，夫妻二人中总会有一个人守在店里。与此同时，保罗还保留着交警的工作。他们确实是在享受自己所做的工作。

那么，如何才能做到热爱并做好自己的本职工作呢？

首先，专注于你的工作。只要专心致志地做好自己的本职工作，就会产生良好的绩效，就会有成就感，对工作的热爱也就在无形中产生了。因此，"热爱"和"全神贯注"就如同硬币的正反两面，是因果关系的循环。只有热爱才能全神贯注，在全神贯注之中自然而然产生了热爱。当然，在开始的时候难免会有些困难，但只要你反复对自己说："我正在从事一项了不起的工作。""这是多么幸运的工作啊。"于是，对工作的态度自然而然就有了转变。

其次，在择业之前，你应该考虑自己的兴趣。如果你真的不喜欢这份工作，怎么也提不起兴趣，觉得自己正度日如年，那么，你不必强颜欢笑，你需要做的是找到自己的兴趣所在，然后寻找一份适合自己的工作。

没有热情的努力是白费的，也是没有效果的，热爱你的工作，你才会珍惜你的时间，把握每一个机会，调动所有的力量去创造出类拔萃的成绩。

## 不断进取，欣然接纳批评与建议

生活中，面对功过得失，人们往往喜欢邀功，却不愿对自己的失职承担责任。为了逃避责任，有时甚至编造种种借口。比如：工作中出了一些问题，就认为是搭档的责任；如果事情没完成，就认为是领导部署不周全；业绩不好，就认为是客户太难缠。除此之外，我们还能经常听到各种各样的借口："时间太紧了。""我没有在规定的时间里把事做完，是因为……""以前我没学过

这方面的知识……""我可以早到的,如果不是下雨。"

当工作出现失误的时候,一些人总是爱抵赖狡辩,或者为了推卸责任而指责别人,为了免受谴责,甚至不会选择欺骗手段。而实际上,这不仅不能让我们吸取工作失误的教训,还得罪了他人。

一天,小刘在路上与同事不期而遇。小刘和同事最近一起合作一个项目,整个项目是成功的,但中间也免不了一些小问题的存在,其中,就包括预算问题。自然,他们就这一问题讨论起来。

同事主动说:"领导还是很好说话的,即使你把这次项目的预算算多了,他也没多说什么。"

听到同事这么说,小刘很不服气,于是,他辩解道:"你的意思是我的问题?要知道,预算的会计可是你部门的人啊。"

"我知道啊,可是我从没问过预算的事,不是你一直盯着吗?"同事也毫不示弱。

"你都不过问,那更是你的责任了。"小刘继续说道。

"你说什么……"

就这样,两个人开始争吵起来。

所谓"话不投机半句多",小刘和同事在路上不期而遇,谈到工作中的问题时,都不肯让步,导致了无谓的争论,从而破坏了同事间的友谊。试想一下,如果他们中的一个人试着先检讨一下自己,或者退一步,对自己不同意的部分保持缄默,也不会闹到不欢而散的地步。

凡事要认真,这原本没错,但是一个人一旦认真到了较真的地步,眼里丝毫不容沙子,那就是和自己过不去,到头来终究会自讨苦吃。所以,面对工作中的问题,只要不是大是大非的问题,其实没必要做无谓的坚持。换言之,即使你坚持了又能怎样?对方会按照你的意志行事吗?俗话说"兔子急了也咬人",你把别人逼得没有丝毫退路,对方除了奋力反击之外还能有什么选择?

比如,如果领导对你的工作提出了批评,那么,你首先要有一个良好的认错态度,并能认识到自己的过错,在此基础上,虚心接受领导的"调教"。工

**赢在情绪**

作中出现失误，证明自己在处理问题上确实存在某些问题，领导毕竟是过来人，有着自己所缺乏的很多工作上的经验。欣然接受领导的调教，不仅能提高自己的工作能力，还能获得领导的好感。

职场上，无论是同事还是领导批评了我们，我们要虚心接受，不要较真，这样，不仅会获得他人的信任和尊重，还能帮助自己认识到自身工作的不足，何乐而不为呢？

# 赞美他人，让大家都在好情绪中工作

走入职场，我们周围每天充斥着烦琐的文件和事务，我们面临着越来越大的压力，我们开始对我们原本热爱的工作失去了热情，我们的情绪变得焦虑和抑郁，我们变得烦躁，经常想些不愉快的事情，对能完成的简单工作也觉得复杂和难度增大……在这个时候，如果有人站出来告诉我们：不要灰心，加油，你是最棒的！你是否感受到了新的能量？

在非洲的巴贝姆巴族中，至今依然保持着许多优秀的生活礼仪。譬如，当族里的某个人因为行为不检点而犯了错误时，族长会让犯错误的人站在村落的中央，公开亮相，以示惩戒。但最值得称道的是：每当这种时候，整个部落的人都会放下手中的工作，从四面八方赶来，将这个犯错误的人团团围住，用赞美来"理疗"他的心灵，修正他的错误，引导他以此为戒，总结教训，重新做人。

从这个故事中，我们能感受到赞美力量的强大。心理学研究发现，人的行为受动机的支配，而动机又是随着人的心理需要产生的。心理需要一旦得到满足，便会成为积极向上的原动力。

因此，作为职场人士，你应该认识到，赞美他人，不仅能拉近同事间的距离，更能起到鼓舞对方的作用。

曾经有人这样说过："促使人们自身能力发展到极限的最好办法，就是赞赏和鼓励……我喜欢的就是真诚、慷慨地赞美别人。"如果真心想赢得他人的支持,就不要只看自己,而应该多看他人的优点、长处、成绩等,同时,不虚情假意地逢迎,而是真诚、慷慨地去赞美。

当然,在赞美和鼓舞他人时需要注意以下两点。

### 1. 发自内心、真诚赞美

任何赞美,只有建立在真诚的基础上,才会真实可信,否则给人虚假和牵强的感觉。比如,如果你的女同事身材矮小肥胖,你却用"纤细瘦长"来夸赞她,定当被对方认为是嘲笑、讥讽或者是不怀好意。

### 2. 不能用千篇一律的语言赞美每一个同事

在赞美他人时,要根据其性别、性格、职位高低等各个方面来使用赞美语言。

赞美和肯定他人,即使与工作无关,也能加深彼此之间的关系。你应该找出对方最值得赞赏的地方,如果这一点是被其他人所忽视的,对方必定受宠若惊,对你的细心感激不尽,比如穿衣品位、爱好兴趣、工作态度、办事效率等,哪怕是不经意的一句话,都会起到意想不到的效果。

因此,从明天起,如果你发现食堂饭菜不错,就不要忘记夸赞大师傅的手艺;如果你发现一位同事的歌唱得好,别忘记经常让他一展歌喉。虽然这些话语并不能令他们得到加薪或提拔的好运,但至少,你是诚心诚意地向他们奉上了一颗"开心果"。

职场中,学会一些赞美同事的技巧,并发自内心地赞美同事,不仅会让同事增加对你的好感,也会给你自己的工作带来便利,使彼此的心情变得愉悦、轻松,合作起来也格外容易。

# 参考文献

［1］徐宪江.情绪掌控术：有效地表达自己不失控［M］.北京：新世界出版社，2011.

［2］张宏彬.情绪掌控术［M］.哈尔滨：黑龙江科学技术出版社，2012.